Poète oublié ami inconnu

Jean-Claude Diamant-Berger

1920 – 1944

MORT POUR LA FRANCE

Préface de Raymond Aron

Glyphe & Biotem éditions
85, avenue Ledru-Rollin – Paris
www.glyphe-biotem.com

ISBN 2-911119-44-4

£12.00
£6.00 14B/28

En souvenir de ma mère
à l'occasion du 60e anniversaire de la mort de son frère.

Claudine Lassner
14 mars 2004

C'est quand tout le monde semble avoir oublié ceux qui ne sont plus là, que, comme un importun écho du passé, je crie leur nom.
Pourquoi ?
Je n'en sais rien, c'est la voix de mon coeur qui s'éveille en sursaut en dehors de mon esprit.

Alexandre Dumas

Remerciements

À mon père pour sa patience et son regard critique
À l'amiral Flohic pour son amitié indéfectible
À l'amiral Brac de la Perriere pour son concours
Au professeur Bricard pour son aide et son soutien
Au professeur Béhar pour son enthousiasme et son savoir
À madame Roffé pour ses amicales remarques
et ses utiles commentaires
À madame Michèle Colleville qui aime tant
son pays normand et son histoire.

Les poèmes de Jean-Claude Diamant-Berger n'ont pas besoin de présentation.

Même s'ils ne demeuraient pas aujourd'hui comme le témoignage déchirant d'un destin brisé, ils auraient leur place dans n'importe quelle revue, ils mériteraient l'accueil de tous les éditeurs. Car ils contiennent bien plus que des promesses. En les relisant, l'esprit, à chaque instant, échappe au présent et songe à ce qui aurait pu être, à tout ce que notre ami portait en lui et qui ne sera pas. Mais que l'on surmonte cette révolte et l'on goûtera pour eux-mêmes ces vers, encore inégaux mais si authentiquement poétiques. Diamant-Berger avait subi l'influence des surréalistes, mais il s'en dégageait et il voulait s'en dégager. Il en aurait gardé le sens de la liberté dans l'invention verbale, la franchise vis-à-vis de soi-même, le goût de l'audace et de l'exploration. Et déjà il n'avait plus honte des sentiments simples et communs, il avait trouvé l'apaisement dans la foi. « Je serai le Musset du surréalisme », me disait-il un jour avec naïveté faite non de vanité, mais bien plutôt d'une sorte d'humilité devant ce qu'il tenait pour sa mission.

Je rencontrai pour la première fois Jean-Claude à l'automne de 1943. Il était venu, avec deux camarades, m'apporter ses poèmes. Dans la conversation, il s'était exprimé avec violence au sujet de choses et de gens auxquels je tenais. Deux jours après, je reçus de lui une longue lettre d'excuses et d'explications. Ce fut le début de ce que je crois avoir été notre amitié : « Si je veux être publié, c'est que je veux être connu et si je veux être connu, c'est que j'ai quelque chose à dire. Je veux le dire… Ce que je veux dire, ou plutôt ce que je veux faire, c'est prophétiser. J'entends par là, non pas prédire un avenir sombre ou clair, mais crier contre la médiocrité, l'intelligence morte ou pourrissante, le réalisme etc... Ce n'est pas nouveau, mais c'est nécessaire. Ça fait longtemps que Léon Bloy est mort, et, à part Bernanos, qu'y a-t-il eu? Seuls les surréalistes mais qui prophétisaient dans le désespoir. Et Bernanos a, je crois, plus remué l'esprit humain, ces dernières années, que tous les hommes politiques du monde. Vous n'avez aucune chance de me croire si vous comparez les tirages. Ce que je veux faire ce n'est pas du tout du Bernanos ou du sous-Bernanos, c'est le même travail en poésie, en livres. Il y a, en ce moment, une hypocrisie sèche et grande, à propos des poètes et de l'intelligence: on place par exemple, dans la même phrase, et avec la même qualification, Aragon et Supervielle. Aragon! Avez-vous lu Edmond Rostand? J'exagère! Mais un Banville (ou un Gilbert) est aussi poète qu'Aragon.

Et cette politique! Eluard a écrit un poème sur la liberté.

«Mais, alors, il en est aussi?» on dirait des pédérastes apprenant que Vinci ou Rimbaud «en étaient». J'aimerais écrire la chronique littéraire. Seulement ça serait violent. Car si l'on doit être bon et indulgent avec un homme, on peut y aller, de tout le sang, sur ce qu'il écrit. L'esprit des hommes est trop faible, et victime des livres pour que ne soit pas ressuscitée la tâche du prophète, exterminateur de la mort, de la médiocrité, de la bassesse, du laid. Je m'attaquerai à tout, car, dédaigner, par exemple, une réédition du puant Anatole France, c'est très joli, mais c'est accepter, du haut de nos tours vers lesquelles le peuple s'est fatigué à lever la tête, qu'on lâche sur lui la mort. C'est en critique que le poète doit descendre dans la rue. Et non pour s'y prostituer en alexandrins sentimentaux et compréhensibles. Il faut défendre l'âme du peuple. Je veux le faire tant que je peux, maintenant, voulez-vous?

Violence, indignation, révolte de l'adolescent qui refuse de s'adapter au monde, diront certains. Des milliers et des milliers de jeunes hommes n'ont-ils pas écrit de pareilles professions de foi? Certes, Jean-Claude avait les vertus et le charme de la jeunesse. Il en avait la pureté, l'appétit de sacrifice qui l'a conduit à la mort (je me souviens de son désespoir quand il dut quitter les parachutistes), le désintéressement, l'intransigeance. Il en avait aussi l'inquiétude, il a connu les batailles que l'on se livre à soi-même dans l'ombre, au seuil de l'existence, quand on voudrait tout deviner et que l'on n'a pas encore vécu. Mais Jean-Claude ne se serait pas adapté: son refus ne naissait pas d'une crise transitoire mais d'exigences spirituelles inscrites au plus profond de son être. Il n'avait rien d'un anxieux ou d'un névrosé. Il était robuste et sain, au moral comme au physique. J'ai toujours eu l'impression qu'il était destiné à atteindre l'équilibre, à connaître la joie. Il n'écrivait pas des vers parce qu'il avait vingt ans et qu'une civilisation autour de lui croulait: il était poète parce qu'il était né exterminateur de la mort. Modestement, sans forfanterie, il ne doutait pas de sa vocation.

Je voudrais dire ici que j'ai partagé sa conviction.

Jean-Claude Diamant-Berger a été tué en Normandie, deux jours après avoir mis le pied sur le sol de France, au cours d'une mission photographique qu'il avait entreprise seul.

Raymond Aron[1]
Préface de *Poèmes*
publié à Londres en 1944

1. De 1940 à 1944, Raymond Aron a été rédacteur en chef du journal *La France libre*, à Londres.

Poète oublié, ami inconnu

Jean-Claude Diamant-Berger

1920 – 1944

MORT POUR LA FRANCE

Introduction

Textes de Jean-Claude Diamant-Berger

Documents

Introduction

Tels que nous étions

Colette Lassner†
Avocate, engagée dans les Forces Françaises Libres

Mon père était un « héros ».

Engagé volontaire en 1914, il a été blessé en 1915. Rien dans son aspect extérieur ne portait trace de cette blessure : pas de cicatrice, pas de membre arraché ou raidi. Projeté par une explosion d'obus, il avait reçu un choc tel qu'il ne pouvait bouger sans tomber en syncope : ces syncopes me paraissent très romantiques… C'était un héros, et il a reçu la Médaille militaire, ce dont il était très fier.

En quoi consistait son héroïsme ? Lorsqu'il parlait de la guerre – ce qui était très rare – il n'évoquait, avec une très réelle pudeur, que la boue des tranchées, l'ennui d'une interminable attente, la tension de continuels bombardements. En fait, les rats, les poux, la gale, lui ont été plus pénibles à supporter que le tir des canons… Son héroïsme, c'était donc la patience qui lui a permis de supporter un inconfort que tout son tempérament d'aimable épicurien le portait à repousser.

Il était radical-socialiste convaincu et anticlérical. C'était là toute sa foi.

Joueur, il était, mais son tapis vert, c'était le cinéma auquel il consacra sa vie et grâce auquel il bâtit des fortunes, qui fondaient aussi vite qu'elles s'étaient amassées.

Avec ma mère, ils formaient un couple parfait: même âge, même rondeur.

Elle etait bien jolie avec ses cheveux noirs et frisés, son teint de porcelaine et ses dents de perle. Dans ses yeux brillait une petite lueur malicieuse qui pouvait être méchante. Elle était primesautière et ses coq-à-l'âne et acerbes répliques faisaient la joie de mon père: «Je ne peux pas réfléchir», disait-elle, «ça m'empêche de penser».

Toute petite, je suivais Ginette, ma sœur aînée, partout en criant: «Moi aussi... moi aussi!» On prenait cela pour de la jalousie: c'était de l'amour. Avec elle, je voulais tout partager, même les fessées.

De mon petit frère, Jean-Claude, j'ai gardé le souvenir d'une peau très douce, de petites jambes potelées que nous nous disputions ma sœur et moi lorsque nous barbotions ensemble dans la baignoire. Mon frère était un très beau bébé, il devint un charmant petit garçon. Durant toute son enfance, il fut choyé par les femmes qui l'entouraient. Enfant gâté, il cultivait les scènes de désespoir. Périodiquement, il se suicidait, soit en annonçant qu'il allait avaler de la teinture d'iode ou de l'aspirine, soit en s'enfermant dans un placard pour y mourir étouffé. La réalisation de ces projets, soigneusement annoncés par une petite lettre mise en évidence sur l'oreiller de ma mère, laissait à désirer. On ouvrait le placard, mais las d'attendre la mort, il était allé se coucher. La teinture d'iode était intacte, et le tube d'aspirine hors d'atteinte; il dormait comme un ange...

Son intelligence était vive, mais souvent il s'y piquait. À cet âge, on est le centre du monde et ce monde ne lui plaisait pas. Rêveur et sensible, il passait d'une sombre mélancolie à une exubérance farfelue: faire le clown lui permettait de mettre un masque.

Mon frère, avec ses passions verbales, ses désespoirs, ses admirations fébriles, ses rêves. Mon frère, mon unique frère, qui, dans son enfance, écrivait: «Maman, je ne peux pas rester sans toi. Je n'arrête pas de pleurer, je ne peux plus vivre sans toi; de temps en temps je pense à toi et j'éclate en sanglots. À Paris, j'aimais mieux papa, loin de vous tu me manques le plus».

Je garde au fond de mon cœur ce poème écrit alors qu'il n'a que dix-sept ans:

Ma sœur Colette aura vingt ans ce lundi-ci
On lui fera de grands sourires
Et ne pouvant donner des fleurs
Je m'arrangerai pour lui dire
Que j'aime bien ma petite sœur !

Elle aura vingt ans et n'en paraîtra pas changée,
Elle aura toujours l'air distrait, étonnée
De tout ce qui n'est pas en son savoir,
La mémoire sera toujours aussi peu chargée des noms de la famille

On lui fera de grands sourires
Et ne pouvant donner des fleurs
Je m'arrangerai pour lui dire
Que j'aime bien ma petite sœur.

Ma sœur Colette aura vingt ans ce lundi-ci :
Sans doute Paris sera pavoisé
On verra aux Champs-Élysées
La foule attendant le cortège
Et Notre-Dame carillonner
Cette fête, Colette en manteau beige
Passer.

Quant à moi, je trouverai bien un moyen de lui dire
Que je suis tout content quand je la vois sourire.
Et si j'écris ces vers-ci,
C'est que ma sœur Colette a vingt ans aujourd'hui.

Il lui fallait un exutoire : il le trouva dans la poésie, s'y roula, s'y vautra avec des rugissements de Lautréamont.[2] Les cris qu'il a poussés à l'époque, nous ne les avons guère entendus ! Mon père ne comprenait rien à cette poésie qu'il trouvait délirante. Ma mère ne pouvait que s'incliner devant ce qu'elle ne saisissait pas, et détesta d'emblée les amis qu'il emmenait à la maison et qu'elle accusait de l'entraîner vers un mal flou et menaçant. Ma sœur et moi ne nous en souciions que distraitement.

Parfois, j'ai été touchée par la beauté de certains de ses poèmes, mais moi aussi, je suis passée à côté de son cri. Je le regrette, mais ce cri ne m'était pas destiné. Il y en eut bien d'autres, et il fallait qu'il crie de plus en plus haut, de plus en plus fort. Il a passé son temps à crier, et nous nous sommes plus ou moins bouché les oreilles...

Je n'ai compris la profondeur du conflit, qui le tourmentait, qu'en lisant ce court poème écrit à cette époque : il paraissait « désopilant » à celui qui le publiait *(Poètes de la Résistance)*. Pour moi, le côté dramatique m'apparut derrière le masque de clown qu'il avait pris pour l'écrire :

Le parricide a tué maman

Maman a tué le régicide

lequel n'a pas tué mon enfant

pour raison de santé

Y aura-t-il des suites aux crimes de Maman ?

Si l'on comprend que le parricide c'est lui, en opposition avec son père, on voit pourquoi ce conflit « tue la mère » qui, à son tour, « tue le régicide », lui-même coupable du crime de lèse-majesté qu'elle ne supporte pas et qu'elle essaye de combattre. Mais l'enfant – la poésie – n'est pas tué, car il est assez fort pour résister à ces conflits. Y aura-t-il des suites aux crimes de maman ? Sans doute, mais nous ne le saurons pas.

---

2. Isidore Ducasse dit le Comte de Lautréamont (1846-1870) fut considéré par les surréalistes comme un précurseur de la révolution littéraire du XXe siècle.

Il « entre en surréalisme »[3] comme on entre en religion et il sent bien qu'il ouvre une porte condamnée. Sa rencontre avec un groupe de jeunes adeptes d'André Breton[4] l'ébloui. Retenant du surréalisme la définition d'une poésie qui changerait le rêve en action, il donne les raisons de son engagement : « Cette génération a été privée d'âme par vingt ans de laïcisme, par cinquante, cent ans du laïcisme le plus vulgaire. Nous n'avons pas de vie intérieure. Les surréalistes devant le désert de leur âme ont voulu s'en refaire une avec ce qu'ils trouvaient encore en eux. Il ne restait que les rêves ; ce fût en eux qu'ils mirent leurs espoirs. Il ne restait que les passions, ce furent en elles ».

La guerre éclate alors qu'il est farouchement pacifiste. À cette époque, il fréquente les Deux Magots[5] et explique ainsi son militantisme : «Jeune, bien que torturé par des contradictions intérieures, j'ai amusé les surréalistes[6] par l'enthousiasme de mon intolérance. Je me suis acquis leur amitié, leur confiance. J'ai milité pour la IVe Internationale[7] pendant l'hiver de la guerre, espérant voir de cette crise jaillir une révolution internationale ». Il s'en prend avec

3. « Surréalisme, n.m. : Automatisme psychique pur par lequel on se propose d'exprimer, soit verbalement, soit par écrit, soit de toute autre manière, le fonctionnement réel de la pensée. Dictée de la pensée, en l'absence de tout contrôle exercé par la raison, en dehors de toute préoccupation esthétique ou morale. »

4. Vers le milieu des années trente, l'audience et l'influence du surréalisme commencent à s'élargir en France et surtout à l'étranger. En 1937, André Breton organise à Paris une grande exposition internationale du surréalisme. En 1938, une mission de conférences sur l'art et la littérature le fait se rendre à Mexico ; il y rencontre Trotsky et, de leur collaboration, naîtra le manifeste *Pour un art révolutionnaire indépendant*. A. Breton prend, dès le début de la guerre d'Espagne, le parti de l'Espagne révolutionnaire. Il participe en 1936 aux actions de protestation contre les procès de Moscou. Installé à Marseille après sa démobilisation en août 1940 et jugeant intolérable le régime de Vichy, qui l'a emprisonné quelques jours, il s'embarque en mars 1941 à destination de la Martinique.

5. Café littéraire situé place St Germain des Prés, Paris, 6e arrondissement.

6. Nous pouvons décider d'appeler surréaliste ce qui est sorti du groupe surréaliste, passé et présent, et ce qui a eu son assentiment (définition de Ferdinand Alquié en 1966). En juin 1939, Jean-Claude a signé un tract intitulé « *À bas les lettres de cachet ! À bas la terreur grise* » édité par la Fédération Internationale de l'Art Révolutionnaire Indépendant (FIARI)

7. Extrait d'un article publié dans « *La voie de Lénine* » n°3 (suite page 20)

De gauche à droite, Henri Diamant-Berger, Colette et Jean-Claude

vigueur « Aux classes dirigeantes qui avaient l'honneur de notre pays et qui nous l'ont fait perdre, nous dégoûtant de la patrie, l'armée qui avait l'héroïsme et qui en a privé la France ».

(suite de la note 7) « La révolution espagnole et son déclin confirmèrent une fois de plus les enseignements du léninisme. Sans un parti ayant assimilé dans sa chair et os les principes qui ont permis à la révolution russe de vaincre, le prolétariat espagnol fut finalement battu. Toutes les positions ont été soumises à l'épreuve des faits. Le Congrès de la fondation de la 4e Internationale (septembre 1938) fut placé devant la situation résultant de l'agonie de la révolution espagnole – « le danger de guerre et du fascisme ». Elle élabora un programme de transition qui répond d'une manière précise aux besoins de la lutte prolétarienne dans la situation actuelle. Trente-cinq organisations de « tous les continents » élaborèrent ce programme devant leur servir de base à l'action concrète ».

Au mois de mai, mon père découvre cette activité illégale.[8] Devant la douleur de ses parents a éclaté pour lui l'évidence que ses idées ne concordent pas avec son plus profond amour : sa famille. Il les abandonne.

À la fin mai, il est arrêté. En ce temps de guerre, on ne plaisantait pas avec les fils de bourgeois qui se permettaient de croire à la paix et à la bonne volonté des hommes sur terre.

Après une journée dans la prison militaire des Invalides, il est transféré à la Santé qui sera évacuée le lundi 10 juin 1940. Pendant l'évacuation, il s'enfuit et revient dans un Paris désert et occupé par l'armée allemande. De la guerre 39-40, il ne connut que la défaite et la retraite qui le poussa en vélo jusqu'à Toulouse où il fut démobilisé, puis reversé dans les Chantiers de la Jeunesse. Il supporta cette épreuve infiniment mieux que la douce vie qui avait été la sienne jusqu'alors. Livré à lui-même, il se révéla un homme. Délivré de sa famille, peut-être trop pesante, il opéra un redressement spectaculaire.

Après seize mois passés, moitié dans un village des Pyrénées, moitié à Marseille, démobilisé des camps de jeunesse[9] et réformé grâce à la complaisance d'un médecin chef du Camp de la Blancard, il obtient l'autorisation de nous rejoindre aux États-Unis.

---

8. C'est en vertu du titre IV que le Conseil des ministres, utilisant ses « pouvoirs spéciaux » accordés par la loi du 19 mars 1939, adoptera, le 26 septembre 1939, un décret portant dissolution des organisations communistes.

   Art 1er – Est interdit, sous quelque forme qu'elle se présente, toute activité ayant directement ou indirectement pour objet de propager les mots d'ordre émanant directement ou relevant de la Troisième internationale communiste ou d'organismes contrôlés en fait par cette Troisième internationale.

   Art 2 – Sont dissous de plein droit le parti communiste (SFIC), toute association, toute organisation ou tout groupement de fait qui s'y rattachent et tous ceux qui, affiliés ou non à ce parti, se conforment, dans l'exercice de leur activité, à des mots d'ordre relevant de la Troisième internationale communiste ou d'organismes contrôlés en fait par cette Troisième internationale...

9. 2 juillet 1940. Depuis trois semaines la défaite de l'Armée française est totale, la Wehrmacht occupe le pays, Pétain a les « pleins pouvoirs » depuis le 10 juin. L'armistice est signé depuis le 22. Les Chantiers de la Jeunesse sont une organisation paramilitaire créée le 30 juillet 1940 par le régime de Vichy. Tous les jeunes Français sont appelés à l'âge de 20 ans (âge de la majorité) pour y faire un stage de huit mois.

Je le revois, ce jour où nous allâmes l'accueillir à la gare de Los Angeles. Nous n'osions y croire… Je ne pensais même pas pouvoir le reconnaître, et brusquement il fut devant nous, et c'était comme s'il nous avait quittés hier ! Il avait peu changé physiquement et ses yeux flambaient toujours d'une vie intérieure intense, mais il y avait plus de douceur, plus de calme dans son maintien et ses gestes. Il était lui et il était autre.

Il ne resta pas longtemps dans cette Amérique qui lui déplut aussitôt. De son ancien pacifisme, il ressortait ardent à combattre pour son pays saccagé et occupé. Toutes ses forces devaient désormais tendre vers la libération de la France qu'il avait vue malheureuse, de Paris qu'il imaginait humilié sous la botte allemande. Il avait besoin d'une flamme : après celle du pacifisme, il s'empara sans vergogne de celle du patriotisme.

Photo de son engagement dans les Forces Françaises Libres
Septembre 1942

Mon père est alors chargé de la direction des services cinématographiques civils et militaires de la France Combattante. Moi-même je me suis engagée dans les Forces Françaises Libres. Lorsqu'il part pour l'Angleterre, je le revois brièvement à Montréal, sur le quai de la gare. Nous partons chacun de notre côté, moi vers Saint-Pierre-et-Miquelon, lui vers l'Angleterre, moi vers la vie, lui vers la mort.

Sarcastique, il m'écrit « Nous attendons avec calme de savoir s'il faudra que Vichy échange Palaiseau contre l'Afrique et Haïti, ou que la flotte Vichyste vienne bombarder New York pour que l'Amérique se décide à rompre avec lui et à reconnaître de Gaulle ».

Pour caractériser sa si brève existence un seul mot suffit : la passion.

Mais cette passion fut triple :

D'abord la France et c'est pour elle qu'il écrit et pour elle qu'il mourra.

« Je vais me battre, je vais mourir... Je suis là pour les autres... Je suis là pour toute la France ».

Et pour Paris qu'il aime tant et qu'il célèbre en ces termes : « Je combattrai pour toi, Ô Paris, mes pluies, mes fumées, mes toits, rues cendreuses, je combattrai pour toi, amante de mélancolie ».

À Londres, il retrouve nos oncles Gaston Palewski[10] et André Gillois[11] car pour notre famille c'est le Général de Gaulle qui incarne la vraie France, la France qui se bat.

Il m'écrit alors avec son humour bien à lui : « Je suis en pourparlers avec la station FBI pour le quart d'heure de Pithiviers, mais ça n'a pas encore abouti, et j'émets toujours sur la station OQP, ce qui est gênant parce qu'elle n'a qu'une onde, assez grande mais qui s'use vite ».

Il est envoyé à Bewdley. et c'est au nom des Cadets de la France Libre, l'école Saint Cyr de l'époque, qu'il adresse au Général le soutien de ceux qui combattent avec lui.

10. La mère de Gaston Palewski était née Diamant-Berger – Il fut, entre autres, Directeur du cabinet du général de Gaulle à Londres, Alger et Paris de 1942 à 1946.

11. Maurice Diamant-Berger dit André Gillois fut, de 1942 à 1944, au micro de la BBC, un porte-parole de la France libre.

Comme le raconte son camarade de promotion Jean-Jacques Demorest, il surmonte la réalité matérielle qui le gêne par le rêve et par l'humour : « À la fin d'un examen sur le terrain où l'élève aspirant Diamant-Berger avait eu à poster ses hommes (en l'occurrence d'autres cadets servant de fantassins) et à organiser un plan de feu, le capitaine instructeur, pète sec, barbiche pointue et un cœur d'or lui lance : " Suffit. Rompez... DISPARAISSEZ ! " Et Diamant-Berger de s'avancer, se mettre au garde-à-vous, dégainer son revolver et le porter à la tempe en disant : " Pour vous obéir, mon capitaine" ».

Puis c'est la poésie, sa compagne de toujours :

«Je ne puis qu'éblouir, m'éblouir Je ne sais que rêver. Je ne suis qu'un poète ».

De cette passion surgit d'abord un recueil en prose qu'il appela *Quotidien l'Impossible.* Dans ce titre il y a à la fois une femme ou la Femme, Paris la Ville, Paris la France qu'il étreint en même temps : «Je la pris dans mes bras... Nous nous embrassâmes, Quotidien l'Impossible. Paris que j'embrassais, Paris détruit dans mes rêves ». La femme vit dans la zone et il la poursuit à la recherche d'une fausse enfance, de faux parents, d'une autre identité. Dans un passage qu'il appelle *Mes ancêtres en moi,* il évoque la steppe, l'amour du vague, les Juifs, les Tziganes qui chantent dans la zone.

Il en revient toujours à Paris : « Sa cape aux écailles navrantes, c'étaient les toits, tes toits ville adorée, ville reine et esclave, ville des villes chanteuse de la pluie ».

Mais c'est surtout vers la poésie qu'il se tourne : « De même que je ne peux me passer de manger, tout de suite après ce besoin, vient celui que j'appelle la poésie ».

Quand Jean-Claude évoque la cassure d'un arbre où poussent des petites feuilles semblables à des mains vides et gonflées comme des gants, il écrit : « L'arbre cassé saignait des gants sur la terre sauvage ». Mais il ne veut rester prisonnier d'aucune règle : « Écrire de temps à autre des alexandrins classiques, rimés, pour voir. Mon vers favori est loin d'être libre, il tourne autour de quatorze pieds, c'est le vieil alexandrin décousu avec une échappatoire à la césure et la rime absente ».

Chez les Cadets de la France Libre – Promotion « Fezzan Tunisie » juin 1943[12]
Jean-Claude Diamant-Berger, le premier debout au deuxième rang à gauche.

Promotion « Fezzan - Tunisie »: Roy Beadle, Charles Berthon, André Bouguen, Jules Cachera, Jean-Jacques Demorest, Jean-Claude Diamant-Berger (Mort au Champ d'honneur), Maurice Dunho, Jean d'Escrienne, Jean Folliot, Alexandre Gallie dit Brault, Charles Henry, Jacques Herlaut (Mort au Champ d'honneur), Léopold Hulot, (Mort au Champ d'honneur), Jean Jeanne (Mort au Champ d'honneur), Paul Landais (Mort au Champ d'honneur), Reynold Levebvre (Mort au Champ d'honneur), Jacques Lefevre, André Lehrmann, Marcel Lejeune, Jacques Lemarinel (Mort au Champ d'honneur), Georges Lyon-Caen (Mort au Champ d'honneur), Georges Middleton, Jean-Pierre Nouveau (Compagnon de la Libération), Olivier Schloesing, Claude Vaschalde, Paul Vourc'h, Charles Witt (Mort au Champ d'honneur).

12. Dès le début (4 février 1941), le général de Gaulle tient à ce qu'au travers de l'épreuve que traverse la France, cette école maintienne la tradition plus que centenaire de l'École Spéciale Militaire dont il est lui -même issu. Elle sera composée de trois sections : une section préparatoire pour les moins avancés en âge et en savoir, une section pour ceux dont le degré d'instruction correspond à peu près à celui des lycéens de première, et une section qui deviendra une compagnie d'Élèves Aspirants, bacheliers, ou jugés dignes de l'être, et dont la date de naissance leur permettra de prétendre à un enrôlement régulier à la fin de leurs études. La première promotion, comprenant quinze aspirants, sort en juin 1942. L'École des Cadets a été dissoute le 16 juin 1944. Elle a formé en tout 211 officiers. Le quart d'entre eux a été tué au combat. Soixante-dix sont, à ce jour, encore en vie.

«Ma pensée se forme dans ma bouche» disait Tristan Tzara[13] et Jean-Claude approuve «C'est de plus en plus vrai pour moi. J'ai du mal à ne pas ouvrir la bouche en écrivant... L'écriture n'est que le prétexte pudique de mes paroles, elle est une robe qu'elle met pour sortir dans le monde».

Enfin vient Dieu et sa conversion à la religion catholique. Il lui clame sa foi dans de nombreux poèmes. Pourtant cette révélation est en lui de longue date. De la même manière qu'en écrivant sa prose il fait de la poésie, ainsi après avoir traité l'église de «vieille poupée entourée de gardes peints par Michel-Ange» il sait déjà qu'elle est «l'image du Christ». Il sait qu'il va trouver Dieu un jour. Aussi lorsqu'il Le rencontre enfin, il se retrouve lui-même.

À l'approche du débarquement, il écrit: «Pourvu qu'ils ne détruisent pas Paris! Je suis tremblant d'impatience. J'ai peur qu'ils aillent trop vite, et que je n'y sois pas et j'ai peur qu'ils aillent trop lentement et que les Boches défendent Paris. Moi je compte agir. Tout est bien. Il ne s'agit pas de moi mais de ce pourquoi je me bats. Je déborde, je suis tout rire, je suis prêt à tout. Je suis secoué de joies, de colères, d'impatiences. Je suis tremblant d'impatience. Nous pouvons sauver quelque chose: l'amour du beau par exemple».

Puis s'enthousiasme lorsqu'il annonce à son ami Bouffartigues:

«J'ai failli remonter vers vous comme liaison 2e S.A.S. Mais j'ai été pris comme photographe par la liaison. Si la tête-carrée (Head Quarter) m'accepte, je pourrai être correspondant de guerre, sinon je couperai les cordes de mon appareil de prise de vue et me pendrai à un projecteur! C'est intéressant, comme dirait Plawright. Car cela me permettrait de choisir l'endroit du front le plus gouny pour y tremper mes membres tremblants dans la boue tiède des tranchées. Je ne sais ce que les Allemands vont faire, mais tu vois qu'on aille se battre dans les plaines de Beauce? Si ça ferait Péguy! La France est repartie pour être le chef, la tête du monde. Nous allons conquérir l'Europe cela sur le plan militaire.

13. Poète français (1896-1963), perturbateur et tumultueux, Tristan Tzara se réfugie à Zürich, lors de la première guerre mondiale. C'est à cette époque que naît le mouvement Dada.

Caen 14 juillet 1944

Adieu, chère âme, crétin sublime, rendez-vous à Paris».

Le 14 juillet 1944, il est à Caen. Comme ses photos en témoignent, c'est une fête dans les décombres!

Prémonition? Dans sa dernière lettre, qu'il laisse avant de partir en mission, il écrit à un ami: «Télégraphie à maman et papa que je vais bien et les embrasse. Ici c'est un mélange d'amabilité, de riches bourgeois, d'hommes prudents, de jeunes gens résistants, fabuleux,

Photo de Jean-Claude Diamant-Berger prise à Caen 14 juillet 1944
Emmanuel d'Astier de la Vigerie[14]

fantastiques, héroïques, volontaires, graves et fraternels. Réfugiés genre 1940, soldats FFI,[15] atmosphère 1936 et sans doute 1789! »

Trois jours plus tard, c'est en mission sur les bords de l'Orne qu'il est tué et ce n'est que dix jours après que l'on retrouve son corps.

Notre oncle André Gillois en est le premier informé par la lettre de l'acteur Claude Dauphin,[16] relatant les circonstances de sa mort et de son inhumation provisoire, là où il était tombé :

> «Jean-Claude Diamant-Berger a été tué la semaine dernière, et nous avons retrouvé son corps hier. Il était parti avec sa caméra, pour prendre des vues en première ligne, près de Caen, et depuis on ne

14. Compagnon de la Libération. Fondateur en 1941 du journal clandestin *Libération*, 1900-1969 (Libération-Sud)

15. Les Forces Françaises de l'Intérieur : nom donné aux groupes armés de résistants français, organisés en France métropolitaine, sous l'autorité de de Gaulle.

16. Acteur (1903 / 1978). Frère de Jean Nohain. A rejoint les Forces Françaises Libres en 1942.

l'avait pas revu. J'espérais (il m'en avait parlé) qu'il avait tenté de passer en zone occupée pour en ramener un reportage. Il était merveilleusement gonflé et résolu. Et puis le pauvre petit, avant même d'atteindre les lignes a été descendu par un « sniper » sur la rive gauche de l'Orne, dans un endroit désert où ne passaient pas nos patrouilles. Avant de mourir, il a eu la force et le courage d'exécuter l'Allemand qu'on a retrouvé cinquante mètres plus loin. Vous ne pouvez imaginer comme tous, ses camarades aussi bien que les membres de la Résistance de Caen avec qui nous travaillons et qui sont d'admirables patriotes avons été bouleversés par cette mort affreuse et stupide. Jean était si fin, si charmant, si drôle, on avait si envie d'être son copain, c'était si facile de l'être. Il avait toujours des cahiers de poésie sur lui, et son revolver paraissait dérisoire... Ce sont des Canadiens qui nous ont signalé le lieu. Nous nous y sommes rendus hier, ses camarades de Londres, ceux de Caen et un piquet des Forces Françaises de l'Intérieur. Il faisait par extraordinaire un grand soleil qui rendait plus misérable ce coin d'usines et de petites maisons ouvrières écrasées par les bombardements. Au bord d'un chemin de halage qui suit le cours de la rivière, on a creusé un trou et planté une croix de bois cravatée de tricolore avec son nom. Vous ne pouvez savoir l'angoisse et la tristesse que j'avais de lire ce nom sur cette croix, et comme c'était difficile de retenir mes larmes pendant que tour à tour chacun de nous posait une pierre sur sa tombe pour en marquer l'emplacement. Le chef de la Résistance de Caen, le commandant Gilles a dit trois mots d'adieu bien simples. Les soldats du F.F.I. ont rendu les honneurs. On a pensé à l'aspirant Diamant-Berger pendant une minute de silence et on est parti, le cœur bien gros, un peu honteux de tourner le dos déjà à ce petit tombeau perdu ».

Aujourd'hui il est enterré à Ranville, au cimetière Britannique,[17] près de Caen, et sa tombe, surmontée d'une croix, porte son nom avec l'inscription :

« MORT POUR LA FRANCE »

---

17. Il y a, en Normandie, 16 cimetières britanniques, 2 américains, 1 français, 2 canadiens, 1 polonais et 5 allemands. Le cimetière de Ranville compte 2559 tombes : 2151 soldats Britanniques, 76 Canadiens, 1 Australien, 1 Belge, 322 Allemands, 5 Français, 2 inconnus et 1 disparu. Dans le cimetière civil de Ranville, se trouve le lieutenant Den Brotheridge, soldat britannique, premier tué pendant la libération du Pont Pégasus.

C'est aussi en poète qu'il est mort, ainsi que l'atteste son nom sur une colonne du Panthéon, dédiée aux « Écrivains morts au champ d'honneur », et au Jardin des Poètes à Paris, Porte d'Auteuil, où une stèle en son nom porte cette inscription :

LÈVE TON ÂME, PEUPLE DE FRANCE,
IL S'AGIT DE REFAIRE LE MONDE
À LA MESURE DU SEIGNEUR.

Son tombeau provisoire

Textes
de Jean-Claude Diamant-Berger

Poèmes

Lune de mort

J'ai suivi les feuilles mortes
jusqu'en haut de la colline

Fille, fille, où courez-vous
Ah ! laissez-moi, j'ai trop de peine.

Elle revint avec le fleuve
des hommes graves aux voix graves
qui parlaient de blé et de pain
la rapportèrent à l'Église
Sur ses joues des étoiles bleues

J'ai suivi les feuilles sèches
Fille, fille, où courez-vous
Je m'en vais avec les flammes
dans les scènes hantées par le vent.

Le village se décrochait de son rêve
maison par maison en geignant

De la dernière toute seule
« Ici Londres » à la dernière
la Radio nue comme un navire
criait en pleine solitude
« Violette ne pourra plus venir »
De la dernière toute seule
« Violette ne pourra plus venir »

Violette, de son vrai nom un homme du village est mort dans la torture

« Fille, fille, où courez-vous ? »
Où m'en irais-je, où m'en irais-je
Puisqu'il faut bien que je m'en aille
Elle se tordait dans le vent
qui tordait les arbres autour

Violette ne pourra plus venir
Ils lui ont écrasé la tête
Ils lui ont écrasé les jambes
Ils ont pris son corps de sable
Ils l'ont déchiré lentement
des astres sortaient de sa tête.
« Filles, filles, où courez-vous,
Pourquoi courir ? Pourquoi courir ?
Vous avez bien le temps ! »

Nous avons bien le temps.

Leurs voix écrasées se baissaient
mêlées au passage du fleuve
elles marchaient très lentement
recourbées autour de leur cœur

« Violette ne pourra plus venir »

Des hommes graves aux voix graves
l'ont emportée parmi les rues
la cloche aveugle de l'église
les enfonçait dans le village
entre les maisons refermées
qu'élevaient les distances du soir.

Quand donc cela finira-t-il
les armes venaient lentement
sur la neige et sur la mer
les armes venaient d'Angleterre

Quand donc cela finira-t-il ?

Femmes de sang, femmes de larmes
femmes plus seules que la nuit
femmes plus seules que la terre.

Elle labourait toute seule
avec la traînée de ses enfants perdus
avec la traînée de la terre sèche
le ciel se soulevait en un sillon de larmes

sous le soc de ses yeux, Femmes plus seules que la terre
plus seule que la nuit, femme sculptée dans la misère
Jeunes mariées veuves vivantes
veuves dont les maris sont en voyage de mort
on ne sait quand il rentrera.
« Filles, filles, où courez-vous ? »
vous avez bien le temps.

Nous avons bien le temps.

À la montagne au bord du ciel
où le ciel a la forme d'un coquillage
où le ciel et la neige se cisèlent avec un rire
Plus fou plus continu que les pleurs de mon cœur
Toutes les femmes du village
m'enviaient parce qu'il était là
tout jeune et quand il roulait une cigarette, les pins
chantaient au bord du torrent
et quand il rejetait ses cheveux vers la nuit
et quand il souriait en me regardant avec ses yeux qui
m'accordaient à l'infini
et quand il rêvait à côté de moi, les yeux si vagues, l'âme si
lointaine
que les fées du torrent se relevaient et venaient pleurer près
de moi
les chansons le réveillaient de l'autre côté de son rêve
et il m'emmenait à travers les arbres
et il m'emmenait à travers sa voix

Il me parlait je passais sous ses paroles
douce en moi-même, ô l'immobile beau voyage
J'étais auprès de lui dans la maison de sa voix
comme près du soleil dans le grand vent sur la montagne.
J'étais auprès de lui réfugiée au fond de moi,
j'épiais le soir qui montait comme une folie dans la profondeur de ses yeux
ses bras me retenaient, m'attiraient au moment où j'allais mourir
et maintenant me voilà seule

« Violette ne pourra plus venir. »

Les crapauds chantent dans la nuit,
pourquoi verser mes propres larmes
Il suffit de mourir en alliée dans la nuit
si je n'ai plus ses bras pour me rendre mon corps.

« Filles, filles, où courez-vous, où courez-vous ? »
Les femmes du village
pleuraient lentement dans les rues
qu'elles laissaient creuses et mortes
piétinement et les sanglots de poussière et de cuivre
l'eau du torrent qui s'en allait
chantait doucement sur les pierres.

Enterrement d'Elie Gras[18]

Rémi Dreyfus, qui se faisait appeler Plawright chez les Cadets de la France Libre, était un des plus proches camarades de Jean-Claude Diamant-Berger. Ils étaient à l'époque toujours très attentifs lorsque leur parvenaient des nouvelles de France. Un soir, ils ont entendu raconter qu'un résistant du nom d'Élie Gras avait trouvé la mort et que tout le village avait tenu à procéder solennellement à son enterrement. Jean-Claude, en entendant ces propos avait aussitôt déclaré, « Ce type, Élie Gras, il avait un nom de charcutier. Et bien, je vais lui faire un monument... ». Et le lendemain matin, il lisait, devant ses camarades émus, le très beau poème suivant :

Élie Gras Élie Gras nous avançons vers toi
Dans le ciel suffoqué de cloches inarrêtables
parmi nos larmes nues où le ciel fait naufrage
et qui s'en vont heurtant le cœur
heurtant le ciel et qui s'en vont
autour du grand oiseau du soir
– dans ses yeux l'océan qui brûle
secrètement, l'étoile de ta mort.

18. Élie Gras fut enterré par des partisans qui suivirent son enterrement, mitraillettes au poing, à travers plusieurs villages. Sur sa bière, un drapeau français avec, brodé, «Assassiné par la Gestapo». Communiqué des FTP.

Élie Gras ! Élie Gras !

Tous les oiseaux pleurent ton nom
Les mouettes circulaires les mouettes veuves et qu'enflamment
les touffes du soleil éparses dans les vagues
crient ton nom crient ton nom et l'océan se casse
se brise sur le vent rochu aux fronts de sel.

Des hommes jeunes des enfants
blonds, maigres, des enfants au cœur de mort
au cœur vitreux et leurs yeux lents
rattachés au fond des pensées
guettaient le coin des rues les toits les portes prudentes
des granges
Des hommes pâles des enfants aux cœurs de broussailles
aux cœurs de fumée aux cœurs translucides comme l'eau sur
les pierres t'ont suivi dans les rues portant leurs armes noires
t'ont suivi Élie Gras, un bandeau de cuir sur le cœur
et leurs pistolets mitrailleurs oscillaient
comme les reflets d'une fleur sur leur disputes du soir.
Des hommes jeunes des enfants
aux cœurs maigres aux cœurs minces
comme le vent sur la paille
comme le vent sur l'eau
des hommes purs et sombres
aux yeux de labourage
aux mains lourdes rythmées par les vents du soir
aux yeux de grands routes des hommes oh ! il ne faudrait
rien exagérer.

des hommes qui avaient quitté le bistrot pour la bataille
des hommes simples qu'un drap simple
recouvrait, raboté de terre
des hommes lourds limités de poussière
des hommes sales de l'autre guerre
passèrent devant les vieux qui étaient aux fenêtres
et dont les yeux miroirs de sable
et dont les yeux usés comme le bois des outils anciens
voyaient passer les grandes funérailles
les funérailles nationales
d'Élie Gras franc-tireur
Mort pour la France
et pour le monde
Mort pour la terre le vin et les filles
Mort pour l'Église et le lycée
Mort pour l'Histoire de France et à cause de la Marseillaise
Mort pour l'Homme

Ah ! Tu es mort tu es bien mort
On ne saurait être mieux mort
Qu'Élie Gras que toi Élie Gras
Hier encore, hier encore etc…
Il faut reprendre la douleur
Et la revivre tout entière
Il faut la prendre où elle est née
La dégager des souvenirs
La prendre pure et sans un mot
qu'elle nous cercle de colère
vibrant autour de nous comme ce drapeau de sang

de ciel et de sang qui nous entraîne
qu'elle rajoute un peu de rouge
à ce drapeau de ciel à ce drapeau de sang
pour lequel tu es mort.

Hier encore hier encore

Élie Gras Élie Gras ne nous entends-tu pas ?
Voilà que tu dors
tu es à terre et voilà que tu dors
tu ne dors pas tu es bien mort
on ne peut pas être plus mort
on ne peut pas être mieux mort
qu'Élie Gras que toi Élie Gras
qui est là saisi de poussière
et tu ressors de la poussière
comme une statue dans le vent

Quand ils eurent suspendu Élie Gras dans la terre
maternelle dans la grosse terre d'où sortent les arbres
et les maisons et les enfants et le ciel même de l'horizon
Quand ils eurent posé Élie Gras dans le courant lourd de la terre
qui passe avec le temps qui est la chaire du temps
d'où viennent où s'en vont les images du monde
Quand ils eurent rendu Élie Gras à la terre
qu'ils eurent oscillé
comme les vagues sur les tombeaux de la plage
qu'ils eurent hésité comme le bercement des vagues qui se

reflètent dans le ciel en une couronne de goélands
tremblé comme la moisson qui se défait quand le vent change
Quand ils eurent laissé Élie Gras dans la terre
seul
comme la racine d'un arbre mort
ils retournèrent ; ils s'en allèrent dehors
hors du cimetière
hors la loi.

(De l'autre côté de l'histoire)

Me voici, sorti de l'enfance encore ébloui du baptême
et ne sachant rien que de mémoire et je me regarde en pleurant
Nu devant ma vie et dans les mains quelques prières
et seul, mes richesses où sont-elles ?
je me souviens de mes parents
de mon pays, de mes amis, des anciennes chansons de mon âme
ils errent par là-bas de l'autre côté de l'histoire
et je suis seul et je regarde l'océan près de moi le vent comme
une monture
soupire et s'impatiente et doucement je le caresse
et le soleil en face se lève fil à fil
comme une araignée dans les murs et son ventre jaune respire
Je vais chanter tout d'un trait sur le siècle
et leur déverser d'un grand coup ces paroles qui me brûlent
et qui se tordent dans ma poitrine comme les arbres
de l'automne

Pour une présentation plus agréable, certains titres ont été rajoutés ; ils sont alors entre parenthèses.

que le vent relève il les tire tête en arrière
et leur tranche la gorge ; dans les rivières lourdes comme des chrysanthèmes
leur sang tombe en goutte de fer
Comment retenir ces poèmes et qui me prêtera les mains de Phébus
qui retient les chevaux ivres du soleil et qui les tord sur eux-mêmes et les fait rentrer dans leur antre
tandis que la mère tremble comme une femme et que les oiseaux de l'automne
frémissent dans les feuilles comme le miel des abeilles dans la cire

Levons-nous, chanteurs sombres, levez-vous hommes de feu
comme des statues dans mon âme
et voilà j'ai pris mon intelligence
et j'ai recouvert ses yeux d'un voile
épais et cru comme la lumière et je lui ai donné le vent à boire
et je l'ai poussé dans les bois, j'ai erré avec toi mon âme
dans les landes dans le squelette desséché de l'aurore et dans la poussière mauve des landes
au loin nous avons entendu la mer
se jeter sur les rochers comme dans la poitrine des veuves
une nuit se débat et frappe des poings et remue comme des torches
qui montent dans leurs yeux comme le cri des chiens aux étoiles, les yeux des veuves
sourds et usés comme l'eau des pierres
j'errais et je chantais visiteur des châteaux obscurs

que dresse le vent dans les bois je me suis nourri de mûres
et dans les yeux, mon âme une lueur si forte
que la nuit tremblait et fermait les yeux quand nous la serrions sur notre poitrine
et je chante et je chante et que rien ne m'arrête
ni la guerre, ivre dans ses chars et qui décompose le ciel et la terre
ni l'absence, ni l'ennui, l'ennui chargé de barques
et ces deux ans loin de la France
enfermé aux pieds de la France
comme ceux-là sonnant du cor
devant le château refermé

mais l'angélus quand vient l'aurore
grave et cherchant ses enfants morts
entre les pierres, et les soldats noirs reculent et s'écartent
recherchant ses cadavres étroits sur le sable
l'Angélus comme un navire sur la mer
et dedans mon âme qui chante
penchée sur les vagues qui chantent
moi j'attends l'océan chante
Oh, je t'attends sur le rivage
droit, à côté le vent joue comme un cheval dans les sables.

(Tête creuse)

Le long des rues, le long des heures
où t'en vas-tu la tête creuse
l'ombre allongeant ses gris cordages
le soleil transparent me suivait comme un chien
L'ombre allongeait ses cordes grises
Où t'en vas-tu le long des heures
où s'en vont les barques légères
les femmes tendres et leur rire
la poussière du vent rêveur
où s'en vont les eaux et les heures
les rivières comme des rues
et mes pensées comme des feuilles
Le soleil transparent, le soleil pâle de la ville
me suivait comme un chien
et tu t'en vas et tu t'en vas
rapide et lent comme un dimanche
et tu t'en vas le long du vent
qui fait trembler les cordes grises.

(La porte)

La porte s'ouvre comme un fleuve
et bouge entre les murs de bois
Par là, on peut voir la campagne
le puits et les bergers de neige leur bâton d'aube entre les bras

Berger, ô beau berger, joue de ta flûte de ta noisette
une étoile tremble dans tes lèvres
et le vent gris te traverse les yeux
je me souviens de lui aussi
quand il jouait sa poitrine comme un chêne
remuait tendrement son cœur battait dans le mien
et ses yeux recouvraient mes yeux
comme des fleurs qui se referment
Et maintenant il est parti
mobilisé ou avec d'autres

et les troupeaux de sons passent le long de la porte.

(La tempête épuisée)

La nuit s'ouvrait devant mes yeux
comme des mains qui se séparent
après la prière ; des étoiles folles montaient de l'horizon
comme de grands navires comme des sirènes dans la brume
la nuit s'ouvrait devant mes yeux
comme une allée dans la forêt

De lourds oiseaux comme des câbles
se tordaient aux pieds de la tour
l'océan se tordait plus bas
comme un noyé dans un canal

d'énormes anges détachaient
des schistes de rire de la nuit vitrifiée

« Quand reverrai-je mon amie
quand reviendront les beaux navires
entourés de cordes de chanvre

comme le tronc salé des chênes
qui naviguent dans l'eau des lierres. »

Parmi le vol des aigles lourds
un jeune homme tordu de rêves
et dans le vent horizontal
le vent carré comme un coffre d'ébène
il penche son regard avide

« Ô mon aimée ma belle amie
ton corps m'a ravagé de désirs
les hêtres aux feuilles de rivières
sont moins transparentes que ton rire
les torrents sur les pierres vives
sont moins souples que tes poignets
que tu tordais devant tes yeux
le printemps montagnard
aux agneaux gris se levait dans tes yeux

Ô mon aimée ma belle amie »
dans la salle de hautes pierres
le feu séparait des branchages
dans la profondeur des forêts
les grands cavaliers de la lune
devant les fenêtres brûlées
où guettaient les femmes
aux yeux de fée vides comme des armures.

Dans le ciel de bronze et de pluie
comme une flamme dans les branches

un jeune homme qui se lamente
et les oiseaux de sa poitrine
déchirent des vagues de sang
« Ô mon aimée ma belle amie
quand reverrai-je tes lèvres blondes
et tes yeux larges comme le vent ? »

La mer écartait les nuages
jetant dans les forêts d'étoiles
de longs cris de feu comme un cerf
s'arrête près des sources et repart en heurtant les aubépines
de la nuit

Dans la salle de pierre nue
les fleuves ivres de la lune
tremblaient glissant sur les armures
aux yeux de sel sur les armures
comme le long des grands navires
« Ô mon aimée ma belle amie
la forêt triste les étangs
les collines sous le soleil
horizontal sous le soleil carré comme un coffre d'or
sous le soleil qui les caresse comme un beau cheval de l'automne
frémit et tremble sous les feuilles nerveuses des hêtres
la forêt veuve les plaines lentes
les bruyères sous le vent pâle
les bruyères interminables
autour des genêts cris de douleur solaire mon amie

ma douce enfant tes lèvres blondes
je me souviens je me souviens
l'automne au front bouclé nous souriait entre les branches
tu revenais vers moi tu revenais toujours vers moi
du fond de tes regards à chaque vêpres disparue
tu revenais vers moi comme une étoile folle
– Les cerfs dans les forêts quand ils se penchent sur les sources
pour y boire
une dentelle de mercure tremble dans l'eau et les entoure de
pleurs
tu revenais vers moi pourquoi ne me reviens-tu pas
et je suis là seul comme le vent
au sommet de la haute tour
la nuit te pleure de ses aigles
et dans le fond des cours
hurlent
les longs chiens de la douleur
à leur cou un disque de cuir.

La mer s'agrippait aux tempêtes
qui lui arrachaient des feuilles de sang

Dans la salle de pierres veuves
Une vieille femme en prières
le vent sur les croisées lourdes éclate
en buissons de lune

« Ô mon aimée ma belle amie »
le vent jeté dans la hauteur

comme un anneau de cuivre se fondait à la nuit
l'océan pressentiment d'aube
se tournait comme une roue dans les étoiles.

L'Aube venue du fond des mers
poussait le chant d'un lourd navire
les vagues le long de la proue
tournaient comme de longues flammes

la tempête épuisée
sommeillait dans les forêts creuses

L'aube venue du fond des mers
poussait un lourd et grand navire
Des Goélands
tournoyaient au pied de la tour

un navire lent comme la mer

noir et ses voiles étaient noires.

« High waving heather !
neath stormy blasts bending »

Emily Brontë

Le vent marin les longs voyages
les bruyères cassées quand j'allais errant
le cœur avec les morts et dans la bouche un goût amer
un goût de feuille de lierre
et dans la bouche une feuille de thym
les bruyères poudreuses les après-midi poussiéreuses
quand le vent comme un long squelette
s'entrechoquait dans les feuillages
blancs de poussières de mort de sel
et les chevaux de sable
galopant sur les landes et se cabrant
le vent marin les lourds voyages
le cœur lourd comme du lierre

comme une maison enfouie dans le lierre
le cœur lassé de vagues et les yeux désorientés
le long des après-midi poussiéreuses
les poudreuses et sèches bruyères cassant
sous les pas sous mes pas longs et légers comme le vent.

(Jeannette)

La jeune fille sur un banc
et ses yeux lui servent à peine
à regarder le soir qui remonte au village
comme un enfant grave et qui chante par moment et qui
regarde l'église avec ses yeux verts

Entre les groupes de cyprès
étroits et longs comme des songes
sur les tempes de la nuit nouvelle
les vents posent une couronne de menthe et de thym.

La jeune fille sur un banc

De grands troupeaux couleur de feuilles
dérivant parmi les montagnes
se regroupaient sous la première étoile

La jeune fille sur un banc

l'âme perdue dans les forêts
de grands bateaux légers et clairs
apparus au bout des vallées
naviguent au-dessus du soir
et s'approchent de la terrasse

Sur les balcons des maisons lourdes
les géraniums et les oiseaux
les volets grinceurs et les voix
un petit enfant loin dans les murs
crie des hommes aux voix d'écaille
chantent, en bas, dans le vin, lorsque des portes s'ouvrent.

De beaux navires légers et clairs
à l'avant un jeune homme rêve
entre ses yeux larges et sombres
meurt et renaît la première étoile

Sur un banc la jeune fille
heureuse et le ciel rêveur chante lentement comme avec des
cailloux dans la nuit.

« Jeannette ! »

À la soupe ! À la vie ! Elle referme dans son cœur
la joie – fière – la joie résignée comme une tige d'herbe neuve

Blackwater

La nuit comme une guêpe
dans les chemins de fer
et maintenant dans cette gare
du crépuscule du matin
descend, voyageur, trempe ta tête vide
où des rêves bourdonnent
dans le ciel glace et brume

Une couronne de brouillard
fine et plus aiguë que la pluie
me pressait le front comme un rire

sur la route des bicyclettes
passaient comme des libellules
et des ouvriers me croisaient
les premiers journaux à la main
Ils semblaient aveuglés d'ivresse

le froid trébuchait dans l'aurore
comme un regard derrière les vitres

« Good Morning », me disaient ces hommes
et leur amitié fraternelle
faisait grandir ma solitude
et j'étais en terre étrangère
et je souffrais de mon bonheur
qui se fondit dans le matin
tandis que le soleil apparaissait dans la brume
comme une pierre dans le dégel et le torrent qui s'éclaircit
l'entoure de reflets chantants

(Voilà mon Dieu)

Maintenant que Jésus existe le monde s'est retourné pour moi
je ne sais plus rien ; je ne vois plus rien ; j'ai horreur du rêve.

J'ai été baptisé.
Dieu m'a pris, un soir où je marchais dans les sentiers d'une
montagne, Dieu m'a pris ; il m'a jeté à genoux sur terre
et m'a cogné le front au ciel.

Voilà mon Dieu, je te connais ; que les chevaux étoilés du
soir s'écartent de mes yeux tournés vers Toi.

J'ai regardé la nuit, ses étoiles sur la figure. Une main
d'Ange me tirait les cheveux en arrière
et l'épée glissa sur mon cou.

C'est comme un flot de sang, blessé à mort je suis tombé
en prières.
Comme on tombe en extase.

Après, quels grands combats ! La nuit revenait toujours après les longues allées poussiéreuses du jour, et sa visière de cristal au front, où se dessinait l'aube.

J'ai erré, j'ai couru ; j'ai refusé Dieu ; à deux mains je repoussais la Croix silencieuse que me tendait l'Ange. Il pleurait alors devant moi. Je me précipitais à ses pieds. Il me relevait dans ses bras et disparaissait de sommeil.

Sous la nuit tremblante et lointaine comme une chanson d'auberge, se déroule une grande bataille. Au matin je naissais dans la vie et j'abordais les hommes avec le front noyé de rêves ; mes yeux vagues ne voyaient pas. Nul ne comprenait mes discours.

Un jour je reconnus Marie. Elle était là et me regardait tristement. Je me précipitais vers Elle. Et, depuis, j'errais dans la Foi comme une chèvre folle criant aux montagnes.

Et peu à peu ce fut le jour, et sa margelle de silence. Tout se tut en moi. J'étais impalpable ; j'étais enfermé de recueillement

Mon Dieu, il faut tout vous donner !

Mon Dieu, j'ai des amis encore ; ils me séparent de Toi par leurs rires.

leurs yeux vagues où chantent les anciens rêves.

Prends-les ! Prenez-les tous, je veux être seul devant Toi.
qu'aucune adoration d'idole n'obscurcisse mon cœur
et qu'il se tienne comme un verre de cristal devant Toi.

J'ai traversé la mort ; de loin, sur les rives illuminées, me
suivent, de leurs yeux lourds, les vieux monstres.

Mais cette jeune fille ?

Ecoutez bien, vous tous, enfants aux lèvres resserrées, hommes
aux fronts de lait et de bois, j'ai aimé une jeune fille. Je
l'aime encore. Sa photo est là devant moi. Je lui parle.
Je pense à elle. Des larmes traversent mes yeux. Je suis
plus seul qu'une flamme dans la clarté de la lune.

J'ai dû quitter ma bien-aimée ! Elle était immobile et douce.
Le train cruel, le train jailli dans l'aube ; je l'ai laissée.
Elle a disparu de moi ; je ne la reverrai plus.

Que vous dirais-je d'Elle, que dirai-je ? À quoi la comparerais-je
pour vous faire comprendre ? Je suis séparé d'elle maintenant.
Il faut que je me referme seul et que
je vive de moi-même. J'aurais pu l'épouser, vivre avec
elle dans la prière du mariage. Avoir des enfants légers
et maniables et laver mon chagrin dans leurs yeux doux
comme des lèvres.

Genoux, vous ne ferez pas sauter les petits corps d'enfants
dans leurs cris. Mains, vous resterez vides et vous, lèvres,
mes lèvres, vous serez à jamais veuves.

Elle s'est relevée vers moi comme vers une haute branche
et m'a embrassé doucement.

La porte s'est fermée alors et j'étais dans la nuit.
Seul.

La place du village était creuse comme une pierre et je sentais pleurer dans moi, et je marchais en priant Dieu.

Il est venu, Sa main de feu a essuyé mes larmes. Il a exaucé ma prière. Seigneur, Seigneur, prends ma vie dans Tes mains car je suis là qui meurs au bord de la nuit comme un petit chiot sur la plage.

et je fuis lentement les vagues de la mer
qui me poursuivent avec leurs larmes.

Mes yeux sont plus salés que les vagues de l'océan il y a maintenant en moi
toute une plage desséchée où vient battre l'immense marée
d'une profonde exigeante douleur
d'une douleur qui me traverse et qui rejoint l'océan de la nuit
et je flotte sur elle comme un bateau dans la tempête.

Étoile de la mer ne m'abandonnez pas !

Une douleur – une douleur
qui va rejoindre La Douleur
et où des gouttes de sang tombent

du front de Jésus-Christ où se resserre
et se recourbe la Couronne d'Épines.

Ô Royauté des Royautés !
le voilà bien le roi des Juifs
venu pour délivrer le monde
et le monde pèse à son front
en une couronne d'épines

Te voilà bien, fils de Marie,
qui portes les péchés du monde
et Ta croix qui t'écrase et te prosterne
sur la terre de tout le poids des cieux
elle Te porte maintenant ; elle T'élève dans Ta mort
comme une rose dans la nuit comme le cri des
mères comme le cri que chaque homme arrache de sa mère
et s'étant retourné à l'adolescence
il la regarde longuement et la torture jusqu'à
ce qu'elle crie

Ô mon Jésus Te voilà bien
Tu saignes Tu es comme un bœuf à l'étal
des grandes villes
Regardez bien, passants, ô ménagères
Voilà la viande, voilà la chair
Qui a voulu sauver le monde.

Il saigne doucement. Il a le temps des temps
pour saigner Il a les autels du monde

tous les autels catholiques, tous les hommes
tous les pécheurs
Pour saigner. Il a tout le vin du monde
le sang qui régénère, à l'Église, Dimanche
le sang qui tue et qui rend fou l'homme sauvage
aux lèvres bleues.

Ecce homo

Voici le pain du ciel
le pain qui vient du ciel et que mange le ciel
Le voilà, le voilà, voyez-vous, c'est facile
Il suffit de boire et de manger
pour tuer ce Dieu qui s'offre au bout d'un arbre
au bout de la croix Tu contemples
Ta Mère, ma Marie, elle pleure insatiablement
Elle relève un peu la tête
et Te sourit à travers ses yeux
à travers ses larmes grosses comme des soupirs
Et Jean est là (qui est mon Patron). Jean est là
qui pleure
et qui Te sourit doucement et qui serre un peu les
épaules de Marie
qui approchait la cinquantaine
et son sourire tout doux était usé de pleurs.
Voilà mon Dieu que Ton front couronné de sang
s'est penché sur mon âme vilaine

et Tu m'as relevé quand je sombrais dans la souffrance
Tu m'as fait relever la tête
et je reniflais comme un enfant qui va se laisser
pardonner.

Mon Dieu, Mon Dieu, pourquoi ne m'as-tu pas abandonné ?
qu'est-ce qui T'a fait m'aimer
je regarde et je ne comprends pas
Je suis comme humilié
D'où vient que tu peux m'aimer, moi !
Car tu n'as pas besoin de faire Ton salut
Ô Mon Dieu, voici Ton image
Tu me l'avais confiée et je l'ai donnée à l'abîme
Tu m'aimes, Tu m'as recueilli quand je coulais hors
de la création
j'avais ouvert mon cœur aux puissances du mal
et Tu es entré au lieu des rêves
Tu m'as pris avec Toi et Tu m'as dis : « Ô toi qui
souffres
Viens avec Moi, car où trouveras-tu de plus grande
souffrance. »
Comme le malheureux qui refuse de croire
lorsqu'il souffre se tourne vers le désespoir
je me suis tourné vers mon Dieu
que le supplice déchirait sur la nuit.

Ô Mon Dieu, mon Jésus, délivre-moi ; je suis là comme
une lampe creuse
et je pleure sur le rivage.

Ma bien-aimée, ma bien-aimée
petite jeune fille au visage doux comme le saule
aux yeux de mûres à la voix comme un brin de jour
que le ruisseau vanne dans ses mains de pierre
je me souviens de toi, ta photo est là, devant moi,
tu es montée dans ma mémoire
comme une étoile dans le vent
Je croyais ne t'aimer qu'à peine
et mon cœur était comme coupé en deux par toi.

La petite église en bois
où j'ai communié la première fois
Le prêtre éleva au-dessus de sa tête
un petit disque blanc fait de farine avec de l'eau
un jeune homme qui portait l'uniforme de la Home Guard
sous sa soutane noire et blanche
agita une petite sonnette claire comme celle que les brebis
portent au cou dans les montagnes.

Ecce Agnus Dei, le prêtre élève un petit disque blanc,
et le savant qui transporte dans un tube en plomb un
gramme de radium
n'a rien entre les doigts, est comme un mendiant avec son bâton
à côté de ce qu'a le prêtre quand on lui voit ce disque entre
les bras.

« Prenez, ceci est mon corps »
elle était là, à mes côtés.
mais elle n'y est plus et maintenant il n'y a plus d'autre mystère

et d'autre vie et d'autre joie et d'autre amour
dans ma poitrine
que ce petit rond de pain blanc
qui est le corps du Seigneur.
Mais je regrette cet amour !

Mon Dieu, ayez pitié de moi !

Fonte frida, fonte frida
Fonte frida, tant amada

Dans les cours les froides pierres
l'eau patiente de l'aurore
s'écoule et comme des larmes
se relevaient les fenêtres

À la fontaine à la fontaine
allant chercher l'eau du village
des femmes revêtues de noir
dans leurs mains les raies de l'aube
entre les blés vont les faux

Des femmes courbées comme des saules
sur le fleuve de leur visage

allant chercher à la fontaine
je rêvais à mon bien aimé

l'eau est si froide elle est si claire
elle rebondit sur les pierres
je ne peux plus pleurer

le soleil froid rebondit sur les pierres
Comme les arbres dans la neige !
les femmes veuves dans l'aurore
les jarres d'eau pure sur l'épaule
marchaient lentement dans les rues

Sur la place comme un visage
désert un chien tout près de la fontaine
mordait le soleil en geignant
Une fenêtre refermée
change le froid de la fontaine

(L'Angélus plat)

Flottant sur le passeur silence
leur visage est comme du liège
leurs yeux ramassent l'eau du ciel
et se remplissent de présence

Visages nés de la prière
ils s'élèvent tout doucement
l'Angélus plat dans la campagne
les rassemble dans leur ferveur
Vos deux genoux sont abîmés
par la pierre ou le bois de chêne
et le vent ne peut écarter
vos mains jointes qui se reflètent
comme les astres sur la mer

Le silence est nu comme un bras de dormeuse
ou comme un chant d'homme seul dans le brouillard
en vous, recueillis comme des lèvres au bord du lait

Dieu parle – pour vous seul, et la nuit est si fine
qu'on entend derrière elle les coquillages briser et heurter
les étoiles dans la mer.

(Marie, l'Étoile du soir)

Qu'est-ce pour moi le soir
qu'un arbre immobilise
une charrette sur les pierres
une étroite feuille de menthe
entre les lèvres de la mer

un sculpteur ivre aux mains songeuses
a posé des hommes de pierre
qui se renvoient dans le silence
les oiseaux transparents de l'angoisse

Le soir descend le ciel s'éclaire
le ciel devient cette lumière
qui le traverse de feuilles fraîches
et qui s'en va au fond des mers
des navires qui se déchirent
des voiles couvertes de sel
la solitude des cordages

Dieu m'a saisi dans la poitrine
et m'a arraché des mirages
Voici venir le temps d'une longue prière
immobile dans le rêve comme un cyprès que brûle
la fièvre claire de la brise

Dans la terre épaisse comme le sommeil
quelle profonde sève de songe
quelle eau pure quel or futur
vas-tu puiser de tes racines
immobiles et qui se tendent dans ta durée comme des
cordages enduits de goudron
plongeant dans l'eau patiente des ports
Quelle candeur quelle tristesse
est la cause de toutes ses feuilles
de ses fruits, de ses bois de ses fleurs
sculptées et le vent qui passe
y passe ses lèvres salées et joue

Une longue et fine prière
immobile comme un bel arbre
et qui frémit quand le vent passe
dans le soir clair comme vinaigre
où des chansons comme des jeunes filles lointaines
trempent leurs bras glacés et rient longuement vers la mer

Une longue étroite prière
comme des barques sur un fleuve
et les mariniers avec leurs bâtons

murmurent une chanson grave
comme des coups de gong sur le fleuve où le soir
fait naître des châteaux de flamme et les chevaliers qui les
attendent
sonnent du cor

une étroite et grande prière
qui montait dans mon âme mourante
parmi les rêves les mirages
et les chansons des fermes seules
comme traversant la campagne
venant des bouges et des rues
rouge et traînant dans le brouillard
une plainte d'homme à la mort vers Marie l'Étoile du soir

(Comme des barques sur la mer)

Passe-moi ton visage
puisqu'il faut changer d'homme
et qu'un même regard
comprend tout l'univers

Les gens qu'on peint sont tristes et le destin les noue
comme un sergent de lierre sur les chênes
le zodiaque enferme leur vie
et leurs regards sont lourds comme des mains qui jouent

Qui vous a peints sur les rumeurs
gens de la ville des rues des gares
vos épaules semblent chargées
comme des barques sur la mer

Et je passais dans cette ville
devant l'automne des visages
qui tombaient et roulaient dans la pluie

et ne restaient que leurs regards
nus et tremblants comme des branches

et parfois une jeune fille
sortie de l'Église et priant
s'avançait à travers la rue
portant le Christ parmi les morts.

(Mon âme pleure)

Mon âme loue le Seigneur
qui m'a retiré de la mort

Il n'a pas détourné sa face
et m'a sauvé dans le malheur

Ô mon Dieu comment vous louerais-je
Voilà mon cœur est vide et ma tête est comme une source
qu'ont tarie les vents du désert

Le sang coule de Vos mains percées
Dans le jardin Votre agonie
faisait trembler le ciel secouait les étoiles
et les chèvres sur les sommets au loin frissonnaient de peur
et les sentiers s'écroulaient aux abîmes

Le Seigneur a vaincu la mort
Il est entré dans le jardin

de ronces le jardin que gardait l'ange
et son cœur a été percé par l'épée de lumière
Il est entré dans la douleur
Il a dévoilé le démon
et il a repoussé la pierre des abîmes

Il m'a secouru dans la mort
Il a retourné le ciel dans ma poitrine
Il a clarifié le destin
et l'a chassé devant Sa grâce

Mon âme tremble devant Jésus
et s'embrouille et, loue en aveugle et magnifie le Seigneur
Que la terre s'entrouvre et que les cieux se lèvent
il est apparu dans la mort
et mon sang devint éternel

Mon âme pleure et devient triste
la nuit s'empare de mes sens
j'ai crié du fond de l'abîme
et l'abîme a reçu ma voix
et le vide a surpris mon cœur

Avez-vous vu mon bien-aimé
Il se tenait dans la douleur
comme un cerf près de mourir
et l'étang chargé de ciel
frémissait de sa douceur

Des ronces parsemées d'éclairs
gardent l'aurore et Le protègent
Est-ce que vous avez vu mon bien-aimé
Il était au milieu de la mort
et des chevaliers noirs de sang
Le gardaient leurs lances levées

Mon âme erre comme une folle
et crie vers le ciel et les tours
Un château de lave et d'épine
frémissait en haut des montagnes
l'Ange au front de glace et d'aurore
m'écartait avec son épée
Dans le lourd château de la mort
est enfermé mon bien-aimé
un canal rempli d'eau sanglante
me sépare des horribles murs
où des serpents de feu se cachent

Des âmes clouées sur la croix
passaient les portes de bronze dans les flammes
un ange de sa froide épée
froide et mortelle comme un rayon de lune
un ange de sa flambante épée
me repoussait dans ma poitrine
mon cœur ralenti d'épouvante

Mon bien-aimé Seigneur Jésus
laisseras-tu mourir le pécheur

me donneras-tu aux enfers
à cause de ma faiblesse

À l'écart dans les forêts jaunes
Dans les forêts pieuses de l'automne
je me suis reposé le jour
priant dans une grotte fraîche

Marie, Marie, Sainte Vierge Marie,
laisserez-vous là votre enfant
qui crie dans le silence et qui se lamente et qui prie
« Mon enfant c'est celui qui m'aime
et qui souffre pour Mon seigneur »

Marie, Marie voyez ma chair
et ma faiblesse et ce que je fais
Voilà je suis un homme et j'ai peur de la mort
j'aime la beauté des jardins

« Dans un jardin vois Ô donc mon fils
Il se penche vers l'herbe sèche
et la sueur coule de son front
et le sang coule avec sa sueur

Marie je voudrais bien souffrir
mais je ne peux Marie Marie,
Voyez ma bien-aimée
petite jeune fille protégez-la Marie
qu'elle prie toujours votre Nom

« Qui es-tu toi qui donne aux autres
la Foi et des travaux, toi qui recule et qui ne l'a pas
je l'aime, j'aime la vie
et je voudrais mon bien-aimé
Laisserez-vous là votre enfant
qui sèche dans la solitude
comme un oiseau mort et le vent aux regards de craie
en passant fait bouger ses plumes

L'aurore comme une fleur ivre
tournait entre les mains du ciel
les coqs dans les fermes lointaines
criaient sur les gongs du matin, barrière de bois qui grince et tourne
Je me tournais vers les clairières
et dans le ciel gris de fumée
sur le haut des montagnes raides
une croix cernée par des aigles

Un ruisseau dans les rochers comme une jeune fille qui
marche dans l'aube
coulait patiemment et des troupeaux de brebis montaient
vers les hauts pâturages

Une croix cernée par des aigles
et le sang montait de la terre
comme un parfum entre les bras, mon bien-aimé
crucifié je pleurais la senteur des menthes
couronnait les statues des arbres

Sur les chemins d'herbes et de pierre
l'aube descendait dans la vallée
d'en bas l'église et l'angélus montait vers elle
Le doux nom de Marie a consolé mon cœur
et mon âme s'est relevée

j'ai prié le Seigneur Sa mère Reine des sept douleurs
le matin comme une croix de sel et de fer
recouvrait de frissons ma chair livide
J'ai prié le Dieu Mon Seigneur
et sa grâce a calmé ma voix
Mon âme loue le Seigneur.

(Je regrette la France)

Le soir descend comme un tambour
sur la place des villes et des villages et je me souviens et je pleure
Le vent plus doucement qu'une porte seule tremble auprès de moi
et son château entr'ouvert oscille devant mon visage ;
me voilà homme, seul comme ces grandes maisons au fond des parcs
ces maisons ces châteaux dans les marronniers et les balançoires
où nous imaginons des merveilles dans notre enfance
Oh, Mon enfance que j'imagine verte et salée et puissante
Quand j'étais roi et que je courais derrière mon rire
le fouettant à hue et à dia comme
un Dieu les chevaux lumineux de son quadrige
et maintenant j'ai visité les chambres et partout cette solitude
l'homme étroit, dirigé vers le haut et s'il agrandit ses domaines
c'est comme un cyprès dans le soir, autour de lui le cimetière
se remplit lentement de morts
et la petite église

fine comme une feuille morte chante l'angélus en secouant doucement la tête

Comme une vieille femme sur le pas de la porte
devant elle passe le village
ah, passez, gens de là, voici la route nationale
orgueilleuse et pauvre comme ces filles de la ville qui sont ivres
et qui finissent par donner à manger à la volaille dans l'exil et regardant aussi le soir
et leurs mains piquées par l'aiguille
elles comprennent et font le signe de la croix comme un enfant qui apprend à marcher comme un malade
leur main hésite
après les réfugiés le retour à la terre
tout s'est fondu dans l'héroïsme
et puis voilà l'inconfort la souffrance
et toutes ces vieilleries qui ressortent et qui brillent
et nos cœurs à nouveau qu'on nettoie dans le sang
et la France qui s'organise
autour des vieilles femmes

De l'église un chant c'est le soir
me revoilà dans ma tristesse face à Dieu et je suis indigne et je pleure
ça passe et ça s'en va selon les ans les jours la pluie

Triste comme le vent je regarde le soir
je me souviens de toutes étoiles tremblant au bord de mes yeux comme des braises
mon pays est si loin de moi

que je me sens en moi comme ces lumières d'étoiles éteintes
et qui pour nous brillent encore

Je regrette la France et les tables rondes en fer
des petits cafés ; le vin blanc fier comme la gaieté d'un vieillard
les pluies d'Ile de France et les belles forêts royales
où des allées sans fin passaient du printemps à l'automne.
Aux carrefours comme de patientes étoiles
des cerfs passaient et l'haleine des grands veneurs
les repoussaient vers les étangs modestes de la mort.

Je regrette la France, Paris et ses villages

le jardin du Luxembourg creusé en lui-même comme l'âme
d'une jeune fille
où il y a une place à part pour l'amour plus vrai que l'amour
où il y a un abîme léger comme un rire et qui est l'attente de
ses enfants

Le soir on dit le soir et j'ai vécu des tas de soirs
qui m'ont coupé le cou avec le fer invisible et lent du sommeil
et j'ai sombré dans des rêves des tas de rêves
durant des tas de nuits pour renaître à l'aurore
L'aurore on dit l'aurore

Me voilà mon Dieu seul comme un coup de poignard
dans la chair lente de mon sang chante
l'Angélus maintenant comme un lambeau

palpite aux lèvres des femmes
et les cloches se taisent attendant la victoire

Que ferais-je de moi mon Dieu au seuil de cette vie
je regarde et j'écoute comme à la sortie du village
se séparent vers l'horizon
des routes
et je regarde en moi et des ombres, des souvenirs
chantent à mon oreille des chansons comme des sirènes
mes larmes, là derrière, je les entends au centre du village
sur la place comme une fontaine et les ombres vont pour y boire
Derrière moi, comme un village
ma vie passée tous les regrets, mes souvenirs
Comme un sur la route tenté de s'établir et le sourire d'une
jeune fille à la fenêtre
tremble comme un reflet de soleil dans l'eau des rivières
et les chants des laveuses sont doux comme la mort
mais devant moi se tient ma vie
comme des routes se séparent
et chacune plus seule pauvre comme la grâce
avance triste et douce sous le ciel
au croisement devant moi qui tremble et j'hésite
La Croix de Dieu et Dieu qui me regarde.
Ainsi Soit Il.

Coloriage en l'honneur de Federico Garcia Lorca, mort[19]

Des chiens de Lune hurlent dans la rivière
Federico Garcia Lorca.
Comme une affiche sur un mur
ton cadavre frémit dans ta mort
dans les vapeurs tremblantes de ta mort.

Torse d'homme ivre, un soleil
tumultueux se débat lié à l'aube-totem.
Le cuir du ciel éclaboussé d'étoiles
de charbon, d'étoiles noires, bouches de ta mort
Federico Garcia Lorca.
Un ciel de sang, un ciel de cuir

19. Federico Garcia Lorca est né en 1898. Pianiste, peintre, poète, il crée dès 1932 une troupe de théâtre «La Barraca». Il signe en mai 1933 un manifeste contre le nazisme. Il prend position contre le Franquisme dès 1934 et est assassiné, après avoir été arrêté par le général fasciste Valdes, gouverneur civil de Grenade, le 16 août 1936.

un ciel de poussière et de boue
harnaché, cheval d'or, un ciel
planté de toi, lyrique, et toi
comme un tonneau sur le sable,
toi dans la tristesse
silencieuse de ta mort.

Ô douce comme les joues d'un
enfant, ta peau d'océan sous le vent
en proie au vertige
tannée par l'en aller de l'âme
sans vie, Ô corps ! Absence d'âme
ton corps
seul, et privé de toi.

Cent bouches aux lèvres lacérées
crient dans les artères de la nuit
jettent ton orgueil noir à même
les chairs vibrantes du vent.

Cent grappes vendangées, fontaines
de la mort
Corps troué de blessures,
Ô corps transfiguré, buisson
frémissant de blessures
où les oiseaux âcres des larmes gémissent.
Ô corps contre le sable éteint
d'une sueur d'absence Federico Garcia Lorca
Corps enlisé dans le soleil !

Où es-tu Espagne mourante
fleur âpre entre le meurtre et l'aube ?
Au bord des fleuves, suffocante prière du fond des orages
terre mêlée au songe,
sanglante entre les pierres chaudes.

La nuit, reflet des maisons dans la mort
écarte ses étoiles taciturnes
écarte ses petits chiens pleins d'huile
et crie entre les pavés, crie
large, sournoise.

Cent prisons ce matin ont chanté
sur un ciel stratifié en épées d'argent
et le vent, arrêté, s'appuyant sur sa lance
remuait des touffes de menthe dans la mer.
Âme en pièces deux millions d'hommes
entre les murs pleins d'eau,
entre les murs d'huile et de terre,
et chacun seul
mûrissant le silence de tristesse
enraciné dans l'éternel,
Federico Garcia Lorca
et sur ton corps cent blessures.

L'Orchidée, chien de sang, affamée de
soleil
hydre de ton sang, chiens aux têtes arrachées
jetée en buissons sur le basalte du silence

deux millions de fleurs enfermées
entre le meurtre et l'aube aux sources des ronces

Comme les étoiles agrippées aux cordes d'une guitare
deux millions d'hommes sur ton âme
hurlant, le poignard bleu du cœur
planté en toi, plantés levant au ciel
deux millions de croix
sans Christ
deux millions de croix veuves

Où hurles-tu Espagne veuve
Entre le sang du ciel et l'argile nocturne du rêve
« Taureau et songe ».

Ô sang crayeux du rire ! une tristesse aux franges de joie
s'écrase aux rives du sommeil
et de l'amour.
Federico Garcia Lorca
ta mort
Federico Garcia Lorca

Une Espagne d'aube et de meurtre
lève ses mains vers Dieu qui lance un soleil sur l'arène.
une Espagne d'aube et de meurtre
appelle justice sanglante.

Fleurissant aux fenêtres et des têtes d'enfants coupées
cris d'argent rapides comme l'aube, des filles aux jambes d'aloès

dansent ta mort dans les ruelles, sous les vitres de la justice.
Qui guette ainsi qu'un taureau hésitant à bondir
la mort inévitable
et son cou embrumé d'étoiles
plie dans le sang pesant d'abîme.

Sur le pavé d'huile ton corps
amasse le poids de la nuit.
Quatre fontaines résonnantes
éclaboussent les violettes
jaillies de tes veines coupées.

Un cri enlisé dans la brume
où s'abat une hache, un cri
plein de sable, comme une épée
contre les saules frissonne
Federico Garcia Lorca

Des rivières de meurtre rôdent autour de tes songes
un incendie de jonc
éclaire ton sang diffus dans les menthes de l'aube
À travers les citrons qui tintent
mystérieusement et les collines se lamentent
au bord du ciel, groupées, et les collines
se lamentent.
Ô Federico Garcia Lorca
Tes yeux sont fermés sur la nuit
comme des vaisseaux près du port
sombrent chargés de vin dans un tumulte de lierre.

Entre nous et toi le soleil
a planté des grilles d'argent
et les chevaux de l'ombre gisent
éventrés aux pieds des fontaines

Entre nous et toi le soleil
a forgé des murailles de bronze
Ô Federico Garcia Lorca
mort.

Jean-Claude Camors
Histoire d'une amitié

Ce ne sont pas nos larmes creuses
et nos regrets et nos pensées
qui pourront nous faire éternels ;
il ne s'agit pas de pleurer.
Ce n'est pas un poème triste
qui pourra te rendre à la vie
Camors et déjà tu n'es plus même un souvenir
mais une légende.
Une Légende
et toi où es-tu ?
Dieu le sait
Camors
Ce n'est pas un poème triste
ce ne sont pas des larmes mêmes
ce ne sont pas des causeries
qui pourront te faire revivre.
En France et dans le Monde, ô combien de rosaires
en France et dans le Monde, ô combien de prières

sont détachées pour toi aux marécages de la chair humaine ?
Tu n'es plus même un souvenir
mais légende et ta mort sur notre adolescence
s'est refermée comme une hache.
Qui nous rendra nos jeunes ans
et l'été de Bewdley et la Severn harmonieuse
et mon amour dévorateur
pour cette jeune fille douce ;
et ton héroïsme aimé
Camors, et le soleil baissé près de nous quand sous le grand arbre
nous écoutions la deuxième symphonie.
Ce n'est pas un poème triste ni un rêve ni la nostalgie
Mais la Vie, la Vie hors du monde.
Pourquoi éparpiller la mort
et la douleur quand un seul cadavre
enferme la mort tout entière
et lorsque toutes les souffrances
se résolvent dans sa passion.

Ils ont brisé tes os, ils ont martyrisé Ton Corps
Et j'étais avec eux Seigneur et ce sang que tu verses vient de moi.

Jean-Claude Camors, originaire de Pau, est au 18e régiment d'infanterie en 1939 quant il est fait prisonnier à Chateaubriand. Il réussit à s'évader puis il rejoint Londres et est admis chez les Cadets de la France Libre, promotion *Bir-Hakeim* (1942). En mars, puis en décembre 1942, il effectue des parachutages en France et retourne en Angleterre en 1943 où il est chargé d'organiser des réseaux d'évasion pour les aviateurs tombés sur le sol français. Pour l'Ille-et-Vilaine, il existe deux réseaux, Var et Bordeaux Loupiac. Il appartient au second, lié à la France Libre Rennes, point de rassemblement du *Réseau Bordeaux Loupiac.*

Il obtient, pour ses missions, le concours enthousiaste de Marguerite Vourc'h et de son fils Yves, du *Réseau Johny*, plaque tournante pour les renseignements en provenance de Brest. Grâce à eux, Jean-Claude Camors réussit le 23 octobre 1943 à quitter Camaret avec les dix-neuf aviateurs qui avaient été cachés dans la *Chapelle Ste Marie* de *Menz Hom.*

Par la suite, à Rennes, alors qu'il prenait un verre avec des amis au café de l'époque (Rue du Pré Botté), un certain Roger, collaborateur à la recherche de résistants, rentre dans le bar et le reconnaît. Il sort son revolver et des coups de feu éclatent alertant un soldat allemand qui passait dans la rue. Ses compagnons, bien que blessés, réussissent à s'enfuir. Jean-Claude Camors, blessé au ventre, fait disparaître des documents et s'effondre. Il est pris par les Allemands et sera tué par la Gestapo à l'âge de vingt-quatre ans. Son corps n'a jamais été retrouvé.

Il a été fait Compagnon de la Libération.

Le responsable du *Réseau Johny* était le docteur Vourc'h, fervent catholique, issu d'une famille paysanne de Guipavas, avant-dernier d'une fratrie de dix enfants, glorieux combattant de la guerre 14-18, qui avait déjà reçu, aux Invalides, la croix de la Légion d'Honneur en 1916. À cinquante-quatre ans, dès juin 1940, après des positions publiques qui lui vaudront quelques jours de prison, il aide les jeunes gens qui veulent rejoindrent de Gaulle.

Le *Réseau Johny* fut détruit par la Gestapo en 1942 mais le docteur Vourc'h réussit à s'échapper. C'est à Alger en novembre 1942 qu'il retrouvera pour la dernière fois son fils Jean, combattant dans la colonne Leclerc. Il était le père de quatre garçons et cinq filles, tous engagés avec la même volonté de libérer la France :

Guy : *Béret vert des commandos – Débarqué à Ouistreham*

Jean : *2e DB – Compagnon de la Libération – Blessé le 24 août à Voisins-le-Bretonneux près de Versailles. Mort le 28 août 1944.*

Paul : *Cadet de la France Libre – promotion Fezzan Tunisie 1er DFL – Débarqué à Fréjus le 6 juin 1944*

Yves : *Béret vert des commandos – Débarqué à Ouistreham*

Restée seule, Madame Vourc'h a poursuivi l'action de son mari et a continué à recevoir et à aider les résistants. Grâce à cette courageuse famille, le bourg de Plomodiern, qui, à l'entrée de la presqu'île de Crozon, étage autour de son clocher de granit ses maisons bleues, est aujourd'hui consacré haut lieu de la Résistance.

Trois Cadets, trois amis : Jean-Claude Camors, Jean-Claude Diamant-Berger, Paul Vourc'h.

Par un concours de circonstances professionnelles, le mari de Colette Diamant-Berger, Jean Lassner, engagé dans les Forces Navales Françaises Libres, devint l'ami de Guy Vourc'h. Ils ne découvrirent que tardivement le lien qui les unissait.[20]

Pour se souvenir de Jean-Claude Camors qui a donné sa vie au service de la Libération, il y a une plaque posée à côté du café de l'époque, tout près de la Poste, dans le centre ville, son nom donné à une rue de Rennes dans le quartier de la Motte Brûlon et le poème de son ami et camarade d'École, Jean-Claude Diamant-Berger.

20. L'histoire de Jean Lassner et de Guy Vourc'h est décrite dans un ouvrage intitulé *Regard sur l'anesthésie d'hier* – Éditions Glyphe et Biotem. Paris 2003. ISBN 2-911119-33-9.

Récit

Quotidien l'impossible

Quotidien l'Impossible est un récit, conte ou réalité, qui dépeint la vie de Louis Upase.

Il a été écrit avant 1941. « Je suis en train d'écrire un livre que j'ai dit être un roman. Dedans il y a Quotidien mais s'entremêlent actions, souvenirs, déclamations, hymnes, psaumes, rêveries et contes »

Paris

Né à Arras. Puis à Sienne, Louis Upase eut une enfance malheureuse. Ses parents le destinaient au suicide.

À seize ans, il vint à la ville. Il vivait dans la rue, couchait sur les bancs, les quais, passait des journées au jardin du Luxembourg, allait parfois à Capoulade.

C'est là qu'il rencontra Lerdrer, dont les costumes et la tête rêveuse lui plurent ; Lerdrer connaissait bien les romantiques d'Allemagne, les réfugiés d'Europe, les promenades dans la pluie ; sa mère vivait seule dans un grand château près de Lyon, dans les brumes, sur la montagne. Elle avait de vieux serviteurs et élevait un enfant blond qu'elle avait trouvé au bord d'une source, sept années après la naissance de Lerdrer. Elle l'avait rapporté chez elle et présenté à son mari qui voulut embrasser l'enfant. Mais à peine avait-il touché son front des lèvres qu'il devint tout pâle et tomba lentement par terre ; il était mort.

L'enfant grandit. Il ne put rien apprendre que la musique. Il ne savait parler. Le soir, il s'enfuyait et allait rêver près de la source où l'avait trouvé madame Lerdrer. Elle lui fit construire un orgue à cette place, et l'enfant en jouait jusqu'à l'aurore. Il s'endormait dans le matin et on le rapportait au château, d'où, réveillé le soir, il s'échappait de nouveau pour aller jouer, au bord de la source.

Lerdrer, lui, vivait à Paris, dans une haute chambre dominant des toits. Il avait fait abattre tout un mur et l'avait remplacé par une plaque de verre. Sous cette couverture, il voyait la ville, des pots de fer criant sous les trains, des grand-rues, les platanes des boulevards, et, plus loin, près de l'horizon, sous d'énormes usines, la Seine.

Il avait une jeune amie qui vivait près du canal. Elle était tzigane. Il l'avait rencontrée, un printemps, au bord de la Seine, alors qu'il contemplait le soir. Elle était passée près de lui, elle avait vu ses yeux clairs, elle avait souri, comme perdue, et ils s'étaient dit leurs noms ; à leurs pieds s'en allait la Seine ; des enfants chantaient dans les rues. Une petite fille assise sur le seuil d'une maison pauvre parlait à un chien. Mais le soir était bien plus grand et sa lumière montait à travers les platanes.

À leurs pieds s'écoulait la Seine. Ils marchèrent toute la nuit. Au petit matin, ils étaient revenus sur les quais près du pont Sainte-Geneviève, où ils s'étaient vus d'abord. Alors ils prirent tout l'argent qu'ils avaient et le jetèrent dans la Seine. Puis ils s'en allèrent ensemble.

Upase, qui mangeait très peu, avait souvent des hallucinations. Il voyait alors des tigres, flambants, apparaître par des fissures – qui se faisaient dans le monde – changé en une vasque pleine d'eau sombre et tiède. Et puis de grandes fleurs où tournaient des blocs de marbre qui devenaient lumière. Alors il y avait une harmonie et se présentaient à ses yeux de merveilleuses créatures. Une lui disait : « Viens – je sais des palais – des jardins remplis de silence, des fleurs douces comme le lait. En moi tu sauras la mesure intense, tu évolueras les mondes, tu créeras de nouveaux rythmes, tu pénétreras les splendeurs sourdes qui fleurissent dans la misère ».

Des dragons venaient, écailleux d'astres, des femmes de lumière; une autre lui présentait des grands fruits d'où s'échappaient, comme des abeilles, les anges. Il voyait des eaux lumineuses, des voix sortaient du courant, par-dessous les ponts, comme de grandes flammes plaintives, et l'appelaient au secours. Des chars oscillaient sous le foin, roulaient au-dessus des toits, se cognant aux étoiles: et des femmes en tombaient comme neige et des fleurs aiguës lui couvraient les mains.

Il avait des terreurs.

Un jour cela recommença. Mais il vit une cabane dans un terrain vague et des anges se tenaient autour lui désignant une jeune fille. Il s'avança vers celle qui le regardait avec un sourire. Il lui prenait la main, et des oiseaux s'échappaient de leurs mains. Elle ouvrait la bouche pour lui parler, et des oiseaux s'échappaient de sa bouche. Il voulut l'embrasser, mais il était un oiseau qui volait au-dessus de la mer – et toute petite sur un rocher, elle appelait, criant au secours. Il voulut descendre vers elle, mais il ne pouvait plus descendre. Un monstre nageait vers l'île...

Poète

Louis Upase écrivit des poèmes, où il se montre tout effacé, grisâtre, terne, avec soudain, comme un vertige d'angoisse.

Doué d'un « talent de conteur » certain, il se refusait à écrire. Il ne faisait que chantonner de petites et bizarres mélodies dites comme les enfants. Parfois, il en écrivait une. Il notait aussi des phrases isolées, au milieu de la mémoire, comme un air dans la rue, et dont soudain on se rappelle. Enfin, des descriptions d'angoisse. Lui aussi notait des vertiges. Mais par cela même qu'il aimait Rimbaud, il se refusait à voir dans la poésie, en la poésie écrite, autre chose qu'une méthode, un carnet de notes au long de ses expériences.

Il se servait de tout; calligrammes, dessins, poèmes, écritures automatiques, promenade au long des rues, amours enfantins, pour des jeunes filles inconnues qu'il suivait des jours et des jours et qu'il confondait, oubliant leurs traits, leurs démarches, et les prenant pour l'air du soir.

Objets surréalistes; il laissait, au long de sa vie, un léger comme transparent sillage dans une eau pure invisible, et qui était de poésie.

Un jour Lerdrer lui donna de l'argent pour qu'il puisse louer une chambre. Louis Upase, donnant aux pauvres, achetant des fleurs pour les jeunes filles (n'osant leur donner, il allait les jeter, lentement, tout ravi, dans la Seine) arriva ruiné dans l'hôtel, et repartit, tout triste, jusqu'à ce que la rue lui ait redonné son délire.

Ainsi, il enchantait les intellectuels, les jeunes gens et les bohèmes qui voyaient en lui «le poète» correspondant bien exactement à l'idée que s'en faisait la littérature de Paris en 1924. Il ne se rendait pas bien compte à quel point il était malheureux. Lui-même se croyant livré au désespoir savourait comme d'une liqueur les délires de sa tristesse.

Il se promenait à Paris.

Il rencontra une jeune fille qui habitait dans la zone. Son père était un riche industriel qui était mort dans une histoire de banque où tout finit par un suicide, les journaux plein de manchettes, et le petit frère, soudain, qui a faim et qui pleure. Comme elle n'aimait pas les gens, elle s'en alla pour gagner sa vie et elle se fit couturière – celles qui reprisent le linge dans les maisons riches, du moins.

Elle avait une chambre dans une maison grise et haute, mais c'était trop cher. Un jeune homme qui lui sourit lui proposa de l'emmener dans la zone: «Là on a des cabanes pour rien, et puis nous pourrons nous aimer ensemble». Elle sentit qu'il serait bon d'aimer et le suivit, mais quand elle comprit que cela se faisait avec le corps, elle fut dégoûtée et repoussa le jeune homme, et resta seule, pure, dans son rêve. Le jeune homme qui était gentil lui fit une cabane et la laissa tranquille. Il n'habitait pas loin d'elle et comme il était fort, il la protégeait contre les autres hommes à qui elle devint bientôt indifférente.

L'herbe chantait pour elle.

À l'aube, la ville se rouvre tout doucement et les laitiers se promènent dans les rues. Les domestiques vont assister à la messe – et Jésus a déjà commencé de saigner sur l'autel que les patrons dorment encore. Puis apparaissent les cyclistes. Les premiers qui jettent des piles de journaux aux portes et devant les kiosques maussades. Et enfin, tout le monde, ceux qui vont à l'usine, et les bistrots se sont ouverts. La première fournée de pain sent bon autour des boulangeries. Et si c'est le printemps, les oiseaux sifflent dans les platanes.

Elle se réveillait à l'aube et allait vite vers l'église : une petite baraque en bois dans la zone. Le prêtre avait souvent essayé de la faire s'établir ailleurs, mais elle était toute étonnée, disant qu'elle ne faisait, là, rien de mal ; et il était forcé de la laisser aux « dangers de la zone » se contentant de l'aider en lui procurant du travail, et donnant des leçons à son frère.

Elle priait Dieu, car elle voulait être une sainte. Un jour frérot serait grand et fort ; il saurait se débrouiller tout seul. Alors elle irait au couvent : dans une merveilleuse maison de pierre où les femmes parlent à voix basse. Il y a tellement de silence qu'en se baissant un peu, on peut entendre chanter les anges – et toute la journée on parle avec Dieu ; on le prie, et le soir, on se couche sur un lit de pierre. Elle se réveillait à l'aube et allait vite à l'Église. Et là, Dieu la changeait. À chaque coup, elle était plus autre, plus absente, plus chargée, pleine de silence, plus neuve. Ensuite elle allait acheter du lait et le pain et revenait faire le déjeuner du frère qui riait déjà sur le pas de la porte et qui sautillait en chantant :

« Le meunier a un grand voile
Par-dessus il met des toiles
Pil, poile.

Dans la maison, y a la souris
Qui prend des miettes pour ses petits
Le chat arrive, elle est partie
Tout gris. »

Il était lavé, il avait mangé. Elle le menait vers le prêtre qui lui donnait ses leçons et elle s'en allait vers la villa au travail.

Et il l'avait appelée « Quotidien l'Impossible ».

Amitié – amour

« Elle serait devenue vieille, tu comprends. Je lui aurais donné sa chair. Elle est toute en rêves et en prières. Son âme est en prière et son corps est juste un courant de songes qui la marie au monde et qui l'isole avec retenue. Nous parlons souvent de la pudeur, comme d'une terreur secrète, comme d'une censure. Elle, c'est une adoration telle dans son âme qu'elle pulvérise sa chair, muée en foudre. Je l'aurais embrassée. Je lui aurais donné la mort. Il aurait fallu que tout ça recommence dans l'enfant. Tu te souviens de l'ange qui, dans une église, embrasse Maldoror ? Il s'échappe, dévoré et gangrené. C'est la gangrène, il n'est plus permis d'en douter ». Tristesse de la chair Quotidien l'Impossible. Je vais te lire un poème. La fumée de la ville montait à travers le soir. Lerdrer secoua sa pipe et il souriait de l'autre côté ; de l'autre côté d'un rêve – la tristesse entre les deux amis comme, entre deux amants, l'amour.

Sa pipe était lourde et petite et il fumait du tabac gris : quand il pouvait du tabac militaire, qui sent les paroles pleines de mort, avec la fumée des camps sur les canons des Lebels et les gros souliers qui froissent les feuilles.

Maintenant que je fais ce récit, j'ai un ami qui va mourir. Il est jeune. Il a un peu plus de vingt ans. Il est aspirant dans l'armée. Il aime une jeune fille aux cheveux châtains qu'il a rencontrée à Londres. Et il y a la guerre, et nous allons mourir.

Sa pipe est lourde et petite – la tristesse entre les deux amis.

Deux jeunes gens se sont rencontrés et ils se sont reconnu de semblables rêves – ils se sont lu des poésies – les feuilles de l'automne autour des forêts, comme des boucles sur le front de la femme qu'on aime. Nous avons eu une jeunesse triste. Nous avons eu une jeunesse, couleur de café crème. Boulevard Saint-Michel, et le jardin du Luxembourg. Et la forêt de Fontainebleau où s'élancent les bicyclettes, la vallée de Chevreuse où l'on peut aller en métro.

Louis Upase avait rencontré la jeune fille, un jour. Quotidien l'Impossible. Au bord d'un terrain vague, errant, à la fin d'une aurore. Il l'avait vue qui revenait de l'église. Elle avait dit : « Je m'appelle Caille ». Et lui : « Ça paraît bête, mais j'ai rêvé de vous. Je suis timide. Et puis ça fait drôle. Mais pourquoi ne pas vivre vraiment ? » Il pensait : « Je vous aime », mais il croyait l'avoir déjà dit.

Elle ne répond pas. Elle penche la tête. Elle lui montre une petite pierre. Le vent léger frottait les palissades. Ils souriaient tout doucement. L'aube chantait au bord des rues avec les sirènes des usines. Ils marchèrent jusqu'à la Seine et contemplèrent leur image.

Paris Quotidien l'Impossible. Ils étaient près des studios Billancourt, près des usines Citroën. Plus loin, il y avait Renault, des usines d'aviation, des rues grises, des boulevards, avec des squares et des statues. L'île aux cygnes, le Point du Jour. Il lui montra le Sacré-Cœur. Ils rirent. Des chalands descendaient la Seine – à l'avant des femmes tristes et l'homme, au gouvernail, fumant la pipe, les yeux loin.

Et, soudain, ils se regardèrent. Des grandes colonnes de cristal se levaient dans l'air et des oiseaux de feutre et de miel chantaient dans les cages ;

« À travers tes yeux, je te vois,
petite, immense, et si tranquille
à travers tes yeux, je te vois
triste, heureuse comme la pluie.

Je me souviens d'une autre vie
Où tu m'emmenais avec toi
Je me souviens de tes yeux sombres
Et du rire des ruisseaux sur les pierres.

Des chevaux heurtent dans la cour
Le pavé lisse des chevaux
Brillants et réguliers comme les voyages en mer.

Au fond de tes yeux je te vois
Douce comme la pluie au fond des cours

Un petit oiseau sur ton épaule
Chante et tu t'isoles dans le soir
Comme l'étoile au bord des toits ».

Le soir envahissait la ville et se haussait jusqu'aux fenêtres résonnantes. On entendait remuer les feuilles des platanes. Ils se levèrent, sur les quais et marchèrent à travers la ville. Ils abandonnèrent les quais, et ils allaient tous les deux vers la ville.

Ave Maria

Je vais te lire un poème. « Écoute ; elle avait ses grands yeux contre mes lèvres, et quand je l'ai embrassée, elle m'a pris la main, elle l'a mordue doucement. Il a passé un autobus ; ça a fait un grand bruit jaune et vert et nous avons ri doucement. Elle rit comme si on lui glissait une petite étoile dans le cou. Je ne crains rien. Je suis Lerdrer ».

La radio jouait un blues et Lerdrer a parlé de son amie. Le ciel vire sur la fenêtre comme une roue de cristal dans les cendres. Il tape à petits coups sa pipe contre ses pieds, et la cendre tombe par terre. « C'est excellent pour les tapis ». Comme il n'y a pas de tapis, ils rient tous les deux – ils rient, mais ils sont remplis de tristesse. À un mur le sourire de Reims une photographie. Et la vierge de bois sur la cheminée.

Les heures là-bas, sur les toits, lentement, se succèdent : à une église elles sonnent.

« Écoute, je vais te lire un poème ». La rue frémit à travers les murs – un poème, c'est une voix triste qui traverse la chambre, et qui va mourir dans la mémoire, comme un grand bateau plein de sel et qui s'échoue sur une plage, qui s'échoue lentement sur un rivage.

« En la quittant j'aurais bien voulu l'embrasser, mais comment faire et par où la prendre ? Elle n'a pas de corps. Je n'ose pas toucher son bras. Je n'ose pas la regarder. Je la sens près de moi et j'aime ».

« Les femmes sont la mer ! Tu n'as qu'à la prendre et elle est à toi ».

« Tu dis ça parce que tu es Lerdrer – Et moi, je suis Louis Upase – et nous sommes comme deux tours – et nous reflétons nos tristesses ».

Le soir descendait lentement – avec Lerdrer, c'était toujours le soir. Il ne vivait pas le matin, et l'après-midi, il était seul. Oh ! Lerdrer. Vous pensez bien que si j'écris ce livre, c'est que j'ai un ami qui ressemble un peu à Lerdrer et que je suis un peu, en partie, Louis Upase.

Et j'ai aussi un ami qui va mourir – et je ne suis pas Louis Upase.

Il est mort, Louis Upase – il est mort à Paris. Il revenait de Villeneuve.

Un jour, ils s'étaient promenés. « Les gens, ici, m'appellent Caille. Maintenant je ne vois plus beaucoup mon frère : le curé l'a mis en pension. Il a dit qu'il allait traîner dans la zone, et devenir un galopin. Il a raison, c'est mauvais, la zone. La nuit, il y en a qui rient et qui chantent. Dans les grandes maisons, ce n'est pas meilleur, mais c'est moins contagieux – et puis tout est plus propre. Il est dans une grande école avec des marronniers et des grilles : il n'a plus besoin de moi maintenant.

Les gens, ici, ils m'ont appelée Caille, et toi, les gens, comment t'ont-ils nommé ? »

« Je ne sais pas ; mon nom, c'est Louis Upase – Tu ne connais pas Lerdrer ? Il fume des cigarettes – la pipe dans les moments graves ; ceux dont on se souvient ».

Ils se promenaient dans les rues, remontant vers le début de la Seine. Ils arrivèrent devant Notre-Dame.

« Pourquoi ne crois-tu pas en Dieu ? » – « Dieu, c'est bon pour les riches – C'est comme si on vouvoyait son rêve » – « Tu appelles toujours ça rêve – et tu n'oses pas pénétrer plus loin – tu es comme le lapin qui reste à la lisière – plus avant, ça s'appelle l'âme et c'est absolument nouveau ».

Tu ne peux pas comprendre, tu ne peux pas comprendre.

Un moineau sautillait, sifflant de platane en platane – « C'est une… oh, c'est plein de silence ».

On tourne autour avec des mots *Ave Maria gratia plena.*

Et puis soudain c'est fait, Dieu est en toi. Il te regarde, on sent qu'Il regarde ; on est tout autre au fond de soi. On sent – on ose plus sentir, on sent l'amour tel qu'on n'ose pas aimer de peur de s'y mêler

– d'y mettre des bêtises à soi. Alors, on s'abandonne. Je ne devrais pas te parler de ça. Mais tu es l'âme de mon âme ; je voulais entrer au couvent. Mais c'est moi qui serais mon couvent. Je serai en toi – toute tienne – et nous adorerons le Seigneur.

Tu ne peux pas comprendre – Tu appelles « Seigneur ». Tu ne peux pas comprendre.

L'eau est lisse comme une épée. Elle hésite entre les feuilles d'ombre. Elle coule tout au long des quais et de grands oiseaux l'accompagnent. Ils arrivaient à Villeneuve-Saint-Georges, ayant dépassé des usines, et des écluses, des pontons. À leur droite coulait la Seine. Ils trouvèrent des écrevisses échappées d'un élevage. Elles étaient grises et molles. Ils étaient tout près l'un de l'autre, appuyés à un vieux tronc d'arbre. Il la prit soudain dans ses bras. Le soir tombait avec le fleuve. Il la prit entre ses bras. Elle avait les yeux tout ouverts, mais elle ne regardait pas, refermée au fond d'elle-même, attendant, pleine de volupté et d'angoisse. Il ne voyait plus que ses lèvres. Son corps allait naître entre ses mains. Il la sentait de plus en plus précise ; il la désirait de plus en plus précise ; il pense qu'il allait l'aimer, qu'elle serait la sienne, que sa bouche serait sa bouche. Elle serait détruite – avant de l'embrasser, et comme il effleurait ses lèvres – il eut honte. Il se détourna, triste, pur, comme débarrassé de lui-même. Il pensa et dit : « Oh, mon Dieu – et il se dit : peut-être qu'Il existe – non stupide, Il n'existe pas, et il fut saisi d'enthousiasme et il crut en Dieu et pleura ».

Caille se sentait toute triste et le regardait en pleurant. Elle ne savait pas que faire. Elle avait cessé de l'aimer. Pourtant elle n'aimait que lui. Elle était perdue comme s'il était mort.

Il lui dit : « Caille, je ne peux pas t'embrasser, je te détruirais ; tu deviendrais comme les autres. Ta peau ne serait plus si pure, tu n'aurais plus le même visage. Tes yeux seraient pleins de ton corps avant d'arriver à mes yeux.

Si je mourais, il faudrait en aimer un autre. Il t'emmènerait ; tu boirais peut-être. Il n'y a pas deux maux. Il n'y a qu'en Dieu qu'on est libre. Va ».

Elle considérait, surprise : elle pensait : « Voilà qu'il croit en Dieu maintenant. Ses yeux sont beaux quand il est triste. Je suis une pauvre fille. Mon Dieu ayez pitié de moi. Sainte Marie que faire? ô mon ange gardien aidez-moi.

«Vois-tu Caille... Tu es faite pour Dieu».

«Tout le monde».

«Oui, mais je t'aime – et si je te prends tu n'es plus, car, qu'est-ce que je possède? Il faut nous aimer dans le ciel. Il faut nous fiancer pour la mort».

Elle pensait: «Il est bien drôle». Et comme elle baissait la tête, Jésus lui entra dans le cœur – et elle se repentit et pleura. Quand ils relevèrent la tête, ils virent la première étoile, comme un ange avec son épée, qui les chassait vers la ville.

Ils se donnèrent la main et rentrèrent tout doucement jusqu'à une station d'autobus.

Deux hommes...

C'était en juin. Tout était clair, tout le monde avait quitté la ville. Lerdrer avait été mobilisé le 9 juin. Louis Upase était tout seul. Tout seul dans Paris à l'aube, il allait au hasard, se rapprochant de la rue de Courcelles.

Il priait Dieu, car il avait reconnu la foi et il était catholique. Il rêvait, marchant dans la rue et priait, et pensait à Caille.

«Maintenant elle doit se lever pour chanter matines, à moins que cela soit plus tôt». Il marchait dans la grande rue vide. L'aube se levait à tâtons, frottant de sa main grise, les murs, étirant des cordes de cendre dans les ruisseaux. Les arbres frais, tout neufs, dans une rivière de chants d'oiseaux, place Pereire et Louis Upase marchait dans les rues. Son âme était triste, pleine d'angoisse. Il ne savait pourquoi. Il ne savait pas qu'il allait mourir; sa tristesse se balançait doucement en lui, mais laissant une étrange joie, un étrange et long goût de joie, qui allait chantant. Il se sentait pénétré d'angoisse. Il était triste jusqu'à pleurer, mais de cette angoisse, et de cette venue de larmes, naissait une joie plus grande. Et il contemplait bien ses rues. Derrière lui, il avait laissé la Seine. La Seine adorée qui coulait à travers son cœur, qui était sa vie, sa mémoire – et Paris qui allait mourir et il allait chantant.

Il arriva Porte Champerret; entendit une pétarade. Il leva les yeux et vit des motocyclistes; les Allemands; il resta immobile, entièrement immobile, jusqu'à l'âme. Un le heurta et ils s'embrouillèrent.

Sur le pavé, deux hommes; sur le pavé gris, deux hommes et qui perdent leur sang.

Caille et Dieu

Lerdrer regardait sans comprendre. «Je l'ai raccompagnée chez elle. Elle m'a souri doucement. Elle m'a caressé le front avec sa main. J'étais seul – une nuit lisse, lisse comme le meurtre, s'écoulait au-dessus des toits, avec de grandes étoiles qui allaient, s'allongeant en reflets comme de grandes flammes».

Lerdrer regardait sans comprendre; Oh je me souviens, oh! Je me souviens. Lerdrer me regardait sans comprendre – Elle m'a regardé longtemps. Autour d'elle une porte en pierres. Lerdrer devant la fenêtre regarde, et des ciels, comme une chute de neige, s'amassent sans fin derrière lui.

Les voitures et les tanks passent. Deux hommes meurent, rangés sur le trottoir, près d'une moto défoncée.

Elle est venue Quotidien l'Impossible – et je l'ai reconnue.

Ô Caille, Caille, qu'est-ce que tu fais là?

Je viens te voir, Louis, je viens te dire au revoir,

Jamais je ne te quitterai, nous sommes unis dans la mort.

Caille, Caille, tes lèvres, tes douces lèvres, vais-je les embrasser? Impur! C'est comme si on voulait construire une église, et qu'on réunisse les deux murs avant de former la voûte.

En Dieu seul, nous pouvons nous unir.

Je m'appellerai Caille Upase – Oh! Je t'ai reconnue, Quotidien l'Impossible. Va, je ne t'oublierai pas! Je m'appellerai Caille Upase; va! Tu sais, j'ai tout confondu dans la ville. Je t'aime tant; tu es devenue mon rêve. Paris, c'est toi, moi, c'est toi – je t'aime tant que je t'aime tant que je t'aime, ô Caille.

Tu es Quotidien l'Impossible.

Vais-je te prendre ? On dira : voilà madame Upase –

Je m'appellerai Caille Upase – Je m'appellerai Caille Upase. On dira : comme elle a vieilli. Caille, ô Caille, veux-tu vieillir ? Elle regardait le trottoir d'où s'échappaient les beaux platanes aux racines enfermées dans les grilles, et dont les feuilles se reflètent dans les fenêtres. Caille, ô Caille, est-ce que tu veux vieillir ? Caille, ô Caille, qu'est-ce que tu fais là ?

Et voilà, tu es éternelle.

Je viens te voir, Louis, je viens te dire au revoir.

Nous ne pouvons pas nous aimer

Nous nous aimons.

Nous ne pouvons pas nous aimer sur terre. Tu seras ma femme dans le paradis. Nous adorerons tous les deux le Seigneur. Tu seras ma fiancée sur terre.

Deux hommes meurent sur le pavé, rangés l'un à côté de l'autre, et les tanks et les voitures passent.

Dans la porte attendait la sœur. Quotidien relevait son front vers moi. Tu penseras à moi ? Tu ne m'oublieras pas ?

Elle est chez les petites sœurs des pauvres – Lerdrer regardait sans comprendre.

Elle me regardait doucement, sa main petite, caressa mon front.

« Est-ce que je pourrai venir te voir ? »

« Pourquoi ? Oh ! Non et puis pourquoi ? Qu'est-ce qu'un mur et une grille ? » – « La peau qui est sur tes lèvres est une grille. Maintenant je t'aime pour ta forme – mais ta forme me sépare de toi. Après, elle sera ton âme et nous nous aimerons en Dieu ». La sœur attendait dans la porte. Derrière nous frémissaient les platanes. Une petite fille passait en chantant – avec un pot à lait qu'elle heurtait, vide, sur le trottoir.

Des tanks et des voitures passent, deux hommes meurent, rangés côte à côte, devant une motocyclette cassée.

Je levai la main vers son front et lui fit le signe de Croix. Je levai la main vers son front et je la couvris d'un signe de Croix.

Elle fit le signe de Croix sur moi. Sa main fraîche, comme l'eau verte d'une fenêtre, toucha mon front et elle fit le signe de Croix. Elle me couvrit d'un signe de Croix. Et je sentis une croix sur moi. Et mes larmes changèrent et Jésus cria sur la croix, et du sang coulait sur sa barbe et la sueur criait sur son visage. Alors je donnai ma douleur pour qu'Il souffrit moins et mes larmes m'abandonnèrent, et j'eus une grande joie. La porte se refermait sur Caille. Il n'y avait plus que du bois. Elle avait disparu. Elle n'était plus là ; il n'y avait plus que la porte. La sœur a refermé la porte et j'étais seul dans la rue, plein de joie. Et le ciel se penchait et Dieu me parlait par mes larmes.

Deux hommes achèvent de mourir. Encore un peu et ils auront fini.

Alors la Sainte Vierge Marie regarda vers la terre et Elle envoya leurs patrons pour les aider, et vers Louis Upase, arriva Saint-Louis, roi de France.

Leurs anges les protégeaient pendant la mort, avec leurs épées ; et puis ils furent deux cadavres ; et la ville tomba dans l'oubli.

Paris, Quotidien l'Impossible.

Mes ancêtres en moi

La steppe. L'amour du vague. Juif. Tzigane. Les fleuves coulent chargés de glace, sous un ciel infini de tristesse. Au feu du camp, mes mains se chauffent. Les yeux luisent. Un violon tue les hirondelles, saccage les cordages, s'élance, plie l'accordéon de la flamme. Les chants qui hurlent à la lune. Tzigane, l'homme de nuit vibrante autour des quatre cordes de ses larmes. Il rôde, un violon de feu entre ses mains. Les chiens se taisent, flairant ses genoux maigres. À son approche, la lune éclate sur une vitre. La roue du chariot déchiquète son ombre où des loups crient. Sous la bâche, une femme dort, juive, les yeux refermés sur le ciel, tenant les étoiles prisonnières dans la nuit de ses cils qui frémissent, bouleau chantant au loin dans la steppe envoûtée de larmes.

Il s'approche, la lune serrée dans ses genoux tremblants, des étoiles glissant sur ses épaules. Il avance ses bras et caresse la femme. Réveil. Il lui dit son nom. Le fouet de l'horizon claque et se tend sur la vache venteuse de la nuit. Il lui dit son nom et les yeux de la femme s'ouvrent. Femme promise aux viols des Tartares, à la peur amoureuse d'un marchand de bijoux et de laine, goûte un peu l'infini, l'ancien désert où parlait Moïse, les nuits bouillantes de David.

Le Tzigane, chant des rochers entre les cymbales de la mer, souffle, coulées de rêve dans tes jambes où s'amassent et filent, entre des rangées d'éclairs mêlés au sable, la grumeleuse langueur des chameaux. Ses yeux, il y hurle des éclats de sabre qui retombent en cendres-frissonnement de la mer dans les bancs d'hirondelles. Il crie, silencieux, il crie de tout son corps de silence nocturne, autour des quatre cordes qui se tendent dans le violon de son ventre. Archet en nerf de chèvre sur la roue de bois de ton ventre, qui roule sur les steppes et les déserts, dans les montagnes caillouteuses, levant tout à tour vers les inaccessibles étoiles, chacun de ses rayons.

Cruel, dur, ton Tzigane de buis dont tu baisais les lèvres, de buis et de cendre sur le silence des coquelicots. Il ira rejoindre sa femme qui l'attend, et qui danse, ses cuisses maigres poignardant l'épaisseur de ses jupes.

Le vin verse le *dilatement* de l'espace nocturne dans leurs veines. Sous un ciel où s'étale la tristesse accablée de la Russie, autour des cymbales du feu, les Tziganes boivent, chantent et dansent. Dans leur gaieté d'ortie, passe parfois la chèvre vagabonde de la tristesse. Le violon s'allonge et vient battre de longues lames la grève des larmes que surmonte le tournoiement lent des rêves, cormorans qui se déchiquètent en hirondelles. Les Tziganes chantent, rient et pleurent, autour de la femme du feu qui danse dans les jupes de la nuit. Les paysans, là-bas, s'endorment, tiraillés entre leur nostalgie, que la vodka avive, et l'avarice peureuse.

Les Juifs dorment, monceaux d'amour, d'avarice et de peur, grandeur déchue dont le mysticisme sali ne s'exprime plus que dans l'obéissance – et le respect de quelques hommes, héritiers des prophètes, qui se rattachent à Dieu par la pénible échelle de la Kabbale, et dont les yeux d'abîme ont des lueurs de désert oriental. Femme juive, geignant d'amour, sous la dureté de sable de l'amant tzigane.

Et puis, il s'effondre, au moment où, crevant la nuit, dans une averse de *déchirailles* et de splendeur, le ciel se retournait dans sa poitrine juive et lui plaquait :

Son Dieu renié à la face

Sur la face, son Dieu renié.

Continua le grand voyage. Peuple Hébreu, peuple errant, dispensateur de souffrance et d'amour à la terre, peuple saleur devant qui la mer de sang s'ouvre, caravane de pleurs sous les fouets, les injures, les richesses écroulées, toujours en fuite, charrue de Dieu dans la poitrine pitoyable de l'humanité cruelle, continua le grand voyage.

Cet enfant qu'on porte et qui crie, dans la ville dont rêve le monde, la capitale de la France : que fait-il, que pense-t-il ? Amas d'on ne sait quoi, un bébé crie, peut-être toute la douleur humaine, le regret pour une âme d'avoir à se creuser un corps de splendeur dans la boue sanglante de cette vie, ou simplement les réflexes de tendres nerfs à la piqûre des mouches, du froid, au contact de l'air.

« Ce matin-là » ma mère soupire et me caresse la tête, « mon enfant, j'ai tout fait pour toi ». Du tiroir mal fermé un triangle d'or, mouchoir de soie, passe. Splendeur orientale, que faites-vous dans cette mercerie ?

Mes parents étaient de petits merciers, juifs, très pieuse ma mère, et mon père incrédule. Il avait dans sa bibliothèque l'histoire du parti socialiste de Jaurès ; était du parti socialiste, admirait Anatole France, Victor Hugo, Voltaire. Zola aussi. D'où venait *Ubu Roi* dans cette compagnie, et *L'anthologie de la poésie contemporaine* des éditions Delagrave ? C'est dans ces deux livres que, pour la première fois, j'ai lu des phrases non absolument claires, elles me dégoûtèrent, ne m'inspirant que de l'horreur. Mais en elles, bientôt, je voulus enfermer tout le destin de la poésie.

Ma mère, un jour.

« Ce matin-là... Oh, voilà : je sortais. Une femme habillée de haillons, comme on en voit dans la zone, me suivit. Entre ses bras, elle avait un bébé, qui pleurait. Je passais aux Galeries pour acheter des casseroles, je crois, ou des cuillères – je ne sais plus. J'allais goûter chez Irène, chez ta tante Irène. Le soir, je repartis, la femme était là, devant la porte, m'attendant. Elle me suivit. La nuit tombait. Je me dépêchais parce que de gros nuages noirs promettaient la pluie, et je voulais atteindre avant la section de l'autobus. Il faisait nuit. La pluie se mit à tomber. Derrière moi, toujours, des cris d'enfants. Je marchais plus vite. À quelques rues plus loin, la section de l'autobus. Il passa, panier de lumière jaune, le long des vitres tremblantes. Je voulus courir. Il était parti. La pluie tomba plus fort. Les autobus étaient plus rares alors.» – «Ils étaient à cheval?» – «Non, tu penses. C'était après la guerre en 1920. Mais non, c'est ridicule. Mais si. Ce ne peut être que cela. «Où sont mes parents?» La voix dure, enflammée, qui s'élance, qui m'entraîne aux pieds de maman, comme une corde après la flèche. «Mais, mais... Je m'étais réfugié sous le porche. Elle est venue, m'a dit son histoire: la peur de ton père qui allait revenir.

Et puis elle est partie

Ta mère

Dans la nuit où tournait la pluie

Me laissant son enfant dans les bras

Tu étais couvert de pustules (C'est ça, bien sûr!) sale, malade dans les haillons qui te servaient de langes.

Tu avais quelques jours, tu as failli mourir, je t'ai soigné, je t'ai sauvé, mon petit, j'ai fait venir une nourrice de Normandie. Et pourtant, nous n'étions pas riches à ce moment-là. Ton père a pris la chose avec bonne humeur. Nous t'avons aimé tout de suite. Il adorait les enfants. Tu as eu tout de suite une gentille petite frimousse. Un peu pâlot bien sûr».

Du tiroir mal fermé, un triangle d'or passe. Je suis à Venise, dans un palais somptueux – à l'intérieur – et qui, dans le ghetto, sur le canal, expose une façade ignoble, décomposée sous de grands reptiles en plâtres. Létitia s'avance, fille ingénue, un peu lourde, à l'épaule ronde.

«Ton père ne voulait pas te le dire. Mais il m'a semblé que ça vaudrait mieux. Tu m'aimeras toujours, mon enfant?»

«Bien sûr.» Je la hais. «Maman» je l'embrasse, coulé dans les larmes.

La brave femme au fond. Ils étaient si petits, si humbles. Ils se sont dévoués, gâché leur existence. Pourquoi? Au fond, je leur ai donné du bonheur. Un enfant, c'est terrible.

« Dis, maman, qu'es-tu devenue ? »

« Quoi ? »

« Dans la zone ? »

J'errais des journées dans la zone.

Cabanes poussiéreuses, bordées par des enfants aux épaules de planches, qui criaient et jouaient dans la boue. Se battant, pavanant, les filles, quelques cheveux mêlés en une natte – et leurs genoux maigres, croûtés de terre – mes frères. J'aurais pu vivre dans ces baraques. Des fumées montaient vers le ciel, mêlant le zinc, les planches et les ardoises à la plainte de la grand'ville.

La zone, cicatrice de la campagne autour de la plaie encore purulente, où les hommes se gorgent des vices cachés dans la terre : les équilibres d'aciéries, les fers, les coulées de laves, les pierres profondes, le suc des fleurs rares.

La zone, plaie à moitié guérie. Non ! Purulence naissante du gouffre, infectée, grouillante d'hommes, et qui gagna, lançant ses croûtes de bois entre les jardinets où pourrissent des légumes malades, gangrène de toitures en planches.

Autour, fument les cheminées d'usine, grandes, sereines, plongeant au ciel leur légèreté d'ouvrières, elles sont là, plus implacables que les nuages, avec leur corolle intermittente de sirène qui, s'ouvrant à l'aube, à la tombée du soir, lancent dans le pollen de suie, leurs ponts d'acajou et d'ardoise sur le silence murmure de la ville.

La zone. J'errais, les yeux perdus, cueillant des grains de blé imaginaires au fond de ses poches. Écrasant les petits insectes du soir sur les yeux du vent. Je croisais de jeunes ouvrières, fines et pâles, le ciel à leur cou, carcan de fumée sur leurs épaules fragiles, et dont les mains, poignets, gros et rouges, ou, presque morts de transparence, me faisaient pleurer, tout d'un coup, me jetant l'âme au désespoir. Les hommes, un masque de crime sur leurs figures rongées par l'exil (d'ils ne savaient plus quelle patrie) allaient dans les bistrots, la bouche avide de ces petits verres qui leur jetaient la joie, l'extase solaire, à coups de poignards. Les femmes agitaient leurs chevelures *O-Cedar* autour de leurs voix en poussière. La colère et l'ivresse, affiches lumineuses de la misère, s'allumaient dans ces cours de planches. Il fallait rentrer après tout un jour de vaines recherches (de quoi ?) entre les ruelles de boue. Les flaques pleuraient sur mes chevilles. Des croix de bois soudaines, imprévues, tendres, atroces, douloureuses, se dressaient devant quelques cabanes. Plus loin, c'étaient les maisons juives où se rangeaient leurs étalages du marché aux puces. Les tziganes aussi chantent dans la zone, dans les forêts, dans les steppes, dans les plaines Souabes, dans les montagnes de Bavière, derrière la rangée des blés ukrainiens, en Bessarabie, mon père, dans la zone, chantaient les tziganes. Chiens de la race humaine, anges de feu et de terre, les Tziganes, à Paris, chantent, envoyant leur tristesse et leur joie dans la grande et fébrile luminosité de la lune. Une toile de grillons en cendre fourmille, aux doigts des guitaristes ; par-dessus les buissons de planches. La guêpe s'y débat, voix rauque, furieuse, attendrie, mourante d'une femme, entre les doigts de l'araignée du désespoir. Violon qui brûle entre les doigts de l'homme aux habits du silence. Sa figure fiévreuse, sa figure d'espagnol nu, découpée dans du cuir flambant de vodka, sa figure de rêve durci, de caillots de rêve, se tend au-dessus de la toile. Les lumières du feu l'élèvent. Dans ses bras, la nuit chaude, comme un ventre de femme, se débat et déroule ses plaines, ses ciels de Russie, chargée de neige et de la pluvieuse plainte de l'automne. Les bouleaux se secouent, nerveux comme un râle, sur sa parole de chevelure.

Les troïkas passent, jetant des étincelles et des cris dans les loups dont les yeux jaillissent et brillent, points de barbare, le long des sapins blottis dans le vent. La neige ruisselle, mêlée aux feuilles mortes de l'automne, entre ses bras où son violon crie.

Femme enragée que la voix *violoneuse* tourmente, une danseuse se tord et chante. Ses cuisses gothiques déchargent le pas de chevaux sur le sol, et le blé de ses hanches ondule dans le vent de la plaine.

Ukraine

Les Tziganes crient, hurlent leur joie dans la splendeur de la nuit russe. L'homme, c'était mon frère, c'était moi qui cherchais sa destinée, qui cherchais quoi ? Se souvenant de quelle patrie ? À Paris, c'était la steppe Ukrainienne, les bouleaux russes où s'écaille l'aurore. Là-bas, c'était l'Égypte, le désert, les contrées pierreuses, les Indes,

Babel. Le paradis à jamais perdu où nous attend l'épée de l'ange. L'homme, c'était moi, criant la haine, la vengeance. De quoi ? Chien hurlant de la nostalgie, le long de la route du ciel, quêtant des bouts d'extase derrière les anges.

Ils chantaient, nous chantions à Paris, dans la zone. Quotidien l'Impossible, aux yeux de planches, et je rêvais, longtemps, le soir, cherchant dans leurs yeux si ne s'allumait pas l'incendie.

C'était un incendie qui enveloppait toutes les forêts sous le ciel. Je m'y voyais fuyant devant une nuée de monstres. Il me semblait que c'était là le signe. Ils fuyaient avec moi ; leurs violons nous rejetaient derrière l'incendie. Toujours derrière moi, l'épée *craquelante* de l'ange – d'où s'échappaient des monstres – le cheval noir qui mange les hommes – et dont la tête touche le ciel – ses yeux, sa gueule ouverte sont les flammes. Forêt en marche. Forêt qui brûle. Je regardais si, dans leurs yeux, naissait le souvenir de ces flammes. L'épée de l'Ange, ce n'était que le feu de camp. Rentré le soir, toutes les vitres étaient l'incendie. Brûlant la ville entière.

Les Tziganes. Je tombais dans la terreur, mais un jour ou l'autre, je revenais rôder dans cette zone où je pensais devoir retrouver la lumière de son âme.

Et si j'étais resté longtemps sans y revenir au café : le petit mendiant, vérifiant la pièce donnée, d'un coup de dents, s'entourait soudain de cet incendie.

Tzigane

Tzigane me rendait à ce monde, à la Russie, aux caravanes, aux camps enivrés de Bohême aux lourds chariots mis en carré autour d'une nappe de délire et je retrouvais entre ses yeux sombres comme un appel mystérieux qu'à elle-même se jetait son âme égarée.

Je la croise chaque matin, en allant à l'école. Ses yeux verts. Ses joues transparentes. Oh, Quotidien l'Impossible aux yeux de paille et de barrière.

Un petit feu de paille dans mes bras. Ses bras de craie ; son sourire est une barrière, avec un pré normand, près d'un ruisseau et, dans le lointain, des vaches.

Nous sommes allongés, nus, sur l'herbe entre les arbres. À nos pieds, un grand ruisseau coule, où nous nous sommes baignés. Elle est nue, comme un doigt dans l'herbe, toute blanche. Nos vêtements sèchent, flammes claires dans les arbres. Son sourire, elle le fait rouler entre ses doigts, coquelicot à côté de sa chevelure, qui répand une aurore un peu sombre dans l'herbe. Sa poitrine est l'envers d'une fleur dont la tige est le vent, dont la tige grandit dans le baiser, et s'éparpille en mille feuilles et racines électriques dans la nuit chaude de son corps. Elle est là, toute nue, claire sur l'herbe ; ses hanches minces où frémit l'ombre triangulaire qui s'écarte en algues d'éclairs au fond de ses yeux, se fondent au ventre lacté en deux petits os visibles, beaux comme ceux qui séparent la poitrine des épaules, et sur qui le vent fait frémir une peau plus douce qu'un parfum.

Elle est là. Au loin, des vaches tintent, remuant l'aube à leurs cous de cuir. Son sourire est une barrière. Et je l'appelais Quotidien l'Impossible. Chaque matin, à huit heures cinq, c'était rue Denfert-Rochereau – près de chez elle – et si j'étais un peu en retard, à huit heures dix, c'était devant le garage, rue du Val de Grâce.

Je devais l'aborder un jour. C'était prévu. Mais je savais bien que je n'oserais pas. Chaque matin elle laissait tomber son sourire, petit mouchoir fripé que j'aurais dû ramasser par terre. La rue du Val de Grâce est pleine de mouchoirs. L'horloge de l'église est une immense boîte à fromage.

Un jour, je lui ai tendu son mouchoir, tout neuf, tout frais. Le Val de Grâce criait

« oh » ! de toute son horloge bien ronde.

Nous nous sommes rencontrés un jour. La rue Denfert-Rochereau faisait le tour du monde. Elle était toute blanche, de craie, et elle faisait le tour du monde. Nous nous avancions l'un vers l'autre, Quotidien l'Impossible.

Je l'avais attendu jusqu'à l'aube. Petit matin de grève générale. Paris se réveillait ; il s'appuyait sur son coude et se frottait les yeux. C'était l'aurore révolutionnaire. Le peuple défilait entre les rues sans étalages, remuant la bâche poudreuse de l'Internationale au bout de tous ses poings tendus. Ils brandissaient des fusils, des pavés. Des mots d'une grande colère. C'était la fête de la fraternité humaine – tant attendue. Les ouvriers poussaient les pavés lourds et rouges de leurs rires et les vendeuses des marchés secouaient leurs injures dans leurs grands tabliers noirs, leurs jupes plissées qui sentent le trottoir. Ils remontaient les rues, ils secouaient le ciel comme une bannière au bout des perches de leurs cris. La police avait fui, les troupes fraternisèrent.

La nuit

Nous en avions parlé longtemps à Brolle, Chabrun et moi, dans une barque attachée au rivage, tandis qu'un soir en cendres s'évaporait de la cigarette de la Seine, dont rougeoyait, au loin, en braise, le crépuscule.

Il secouait sa pipe sur le bord de la baraque et l'eau se mêlait à la cendre. Seine de pluie, de larmes et de boue. Nous étions revenus, assez tard, à l'auberge, le long du chemin de halage, halant le poids rêveur de notre adolescence, sautant parfois des flaques où croupissaient des bouts de bois que le vent entourait d'étoiles.

Maintenant elle traînait des corps, la Seine, et des charrettes navrées dont le vent secouait les bâches. À une barricade près des grands magasins en grève dans lesquels s'amassait le calicot froid du matin, je l'avais attendue, le menton appuyé sur la rigidité pluvieuse de mon fusil, dans l'aube. Elle s'avançait maintenant, légère, venteuse, avec ses épaules de pluie. Avec ses talons de cristal et sa jambe rigide, appuyée sur la maison d'angle – rue de l'Abbé de l'Épée et Denfert-Rochereau – dans la position du *Wolf* de *Walt Disney* et de *Fantômas*. Sa cape s'étalait jusqu'à l'horizon, près des buttes, où le matin le soir, Paris se cloue à la vie ouvrière à petits coups d'apéritifs multicolores et dans un gros ruban pluvieux – plein de soleil – de vin rouge.

Sa cape aux écailles navrantes, c'étaient les toits, tes toits, ville adorée, ville reine et esclave, ville des villes, chanteuse de la pluie.

Oh la là ! Quotidien l'Impossible. Tes toits, les toits du Louvre où se gravèrent nos tristesses. Ville au fleuve de pierres et de mélancolie.

La Seine coule, chargée de la craie champenoise, dans sa veine calcaire, entre les maisons pieuses dont les toits mystiques,

Quotidien l'Impossible, se fondent à la pluie dans l'étendue de ta cape sereine. Sur les quais où marchaient des couples, je la suivais, je marchais avec elle. Mon bras, gonflé comme la nuit, s'arrondissait, voie lactée de tendresse, autour de ses épaules. Ses épaules, petites feuilles sur les marronniers du Luxembourg, alouettes montées au soleil d'automne, dans les champs près de Villeneuve. Nous nous grisions, elle et moi, de la candeur triste du soir. Les boîtes en bois, remplies de vieux livres, se fleurissaient d'aubépines par la blancheur magique du papier. Je lui en donnais des buissons. Les oiseaux s'envolaient, fins dans l'air, petites chevilles de bois très sec et de plumages que le printemps tordait dans les planches du ciel en cristal. Le soir. Hélas !

La chèvre du matin bêlait sur les collines de ces toits. Paris, montagne d'ardoise et de rire, s'éveillait à la grève révolutionnaire. La rue Denfert-Rochereau faisait le tour du monde, toute blanche de craie.

Elle s'avançait, Quotidien l'Impossible, droite et vêtue d'oiseaux, poussée par les gaules obliques du jour. Le soleil montait derrière elle, me la présentait, dans sa flamboyante coquille, comme Vénus sortie des eaux. Mais elle sortait de la ville. Ma ville. Perle sourire de cette forêt sous-marine. Le monde entier était détruit, des tramways volaient dans les airs qui s'écroulaient comme une cathédrale, avec un fracas plus absolu que le silence – dernière explosion de toute la dynamite.

Dans les maisons détruites, dans les grues tordues qui jetaient au ciel leurs bras et leurs cheveux de fer, nous nous avancions l'un vers l'autre.

Je la pris dans mes bras. La rue Denfert-Rochereau faisait le tour du monde. Le long du mur de l'asile des sourds-muets. Nous nous embrassâmes. Un petit feu de paille entre les doigts, où court, comme sur une toile, l'araignée flammèche du baiser.

Ses yeux couraient après eux-mêmes malgré la solitude des paupières. Son corps de feu et de lumière, de tendresse autour du squelette électrique de ses nerfs, pliait, brûlait contre mon corps que je sentais grandir. Nous étions seuls au monde. Ses yeux transparents laissaient voir le soleil. Sa main, dans mes cheveux, semait tendrement des étoiles. Quotidien l'Impossible. Paris que j'embrassais sur Paris détruit dans mes rêves. Ah ! Quelle prophétie. La ville, avec sa collerette de pierre et son manteau de forêt et de moissons mûres. Sa voix qui la traverse, Seine, aux gongs de destin qui s'ouvre infiniment, porte de la tristesse, sur le royaume de la pluie et du rêve. Notre-Dame des plaines aux sourires gravés dans les dernières collines.

« Voilà la cité sainte assise à l'Occident ».

Sa traîne de forêts et de prairies roule en chanson jusqu'au bout du monde. Église de parfums, elle éternise dans le soir la passion de la pluie crucifiée à l'ardoise.

Quotidien l'Impossible.

Qui s'éteint et qui se rallume comme une affiche lumineuse dans la nuit de la mémoire.

Documents

Lettre de la Délégation de la France Libre aux États-Unis à Jean-Claude Diamant-Berger

DÉLÉGATION
DE LA
FRANCE LIBRE
AUX
ÉTATS-UNIS

LIBERTÉ — ÉGALITÉ — FRATERNITÉ
HONNEUR ET PATRIE

BUREAU DE NEW YORK

626 Fifth Avenue
New York, N. Y.
Circle 7-2364

New York, le 5 Mai 1942

No. V.2098
Objet:

Monsieur Jean Claude Diamant-Berger
1242 North Harper Avenue,
Hollywood, Ca.

Cher Monsieur,

J'ai appris avec plaisir par votre lettre du 2 Mai que vous aviez enfin obtenu votre reentry permit et je vous prie de bien vouloir vous mettre en route aussitôt que possible pour New York.

Ci-joint, je vous prie de trouver un money-order de $: 60.00 (Soixante Dollars) pour couvrir vos frais de voyage de Hollywood à New York.

Etant donné que vous voyagerez par bateau de New York en Angleterre, vous pouvez emporter avec vous tous les bagages que vous désirez et, bien entendu, lettres et papiers personnels.

Quant à votre uniforme, il vous sera fourni à Londres au moment de votre incorporation et vous devrez donc être muni de vos effets civils pour la traversée.

En attendant le plaisir de vous voir arriver aussitôt que possible à la Délégation, je vous prie d'agréer, cher Monsieur, l'expression de mes sentiments distingués.

p. LE CHEF DU SERVICE DU PERSONNEL

Lieutenant A. de Manziarly

AM/ma

Lettre au général de Gaulle

Lors du conflit qui oppose Giraud[21] *à de Gaulle Jean-Claude Diamant-Berger, au nom des Cadets de la France Libre, écrit au général de Gaulle.*

En ce moment, les Cadets et Élèves Aspirants des Forces Libres de la France Combattante tiennent à vous assurer de leur fidélité en la France Libre Combattante, en vous qui n'avez ni trahi, ni faibli, qui avez ranimé et dirigé notre foi au moment où la France paraissait mourir.

Nous vous serons toujours fidèles, car nous serons toujours fidèles à l'honneur de notre patrie.

Nous vous servirons toujours, car en vous nous servons les idées de liberté, de fraternité, d'égalité et d'honneur; car nous continuons d'espérer que l'unité qui doit se faire entre tous les Français sera celle de la renaissance et non celle de l'abandon.

Nous vous demandons de rester le général de Gaulle: d'écarter de notre victoire les hommes de notre défaite, d'être dur et pur. Nous voulons combattre sous vos ordres, même seuls contre le monde, et nous ne voulons pas servir des traîtres, même sous le faux prétexte de délivrer la France; car ce n'est pas délivrer la France que d'accepter une relève de ses oppresseurs et notre but de guerre n'est pas de changer les S.S. en société de bienfaisance pour les enfants des otages.

Nous savons bien qu'il est d'usage de brûler Jeanne d'Arc quand elle a fini son travail, mais nous pensons que ce travail est aussi de reconstruire la France.

---

21. Le général Henri Giraud (1879-1949) a commandé la VIIe puis la IXe armée. Prisonnier, il s'évada et passa en Afrique. Soutenu par les Américains, il partagea un temps le pouvoir avec le général de Gaulle. Il maintint en place le personnel compromis par Vichy, il conserva la plupart des mesures dictées en Afrique par Vichy, en un mot il s'appuya sur le système de Vichy contre le mouvement du général de Gaulle, mais tout en répandant des déclarations intransigeantes et en continuant ses négociations avec les représentants du général de Gaulle, de façon à faire croire à un accord imminent, quoique toujours retardé.

Nous ne parlons peut-être pas ici comme des militaires. Nous parlons comme les soldats de la France libre. Nous ne voulons pas être des chiens fidèles par le seul goût d'être fidèles, ou des mercenaires qui n'ont qu'à se battre sans réfléchir.

Nous nous battons pour la France libre et dans l'honneur, rien que dans l'honneur.

En cette heure qui est la même que celle du 16 juin 1940 nous espérons le même miracle qu'en juin 1940. Nous attendons le même geste, le même défi aux plus forts, le même choix pour le combat le plus difficile, et le plus illogique, et c'est de vous que nous les espérons car vous seul pourrez sauver la France car vous l'avez déjà sauvée.

Février 1943

Réponse du général de Gaulle

Aux Cadets et Élèves Aspirants de la France Combattante.

Mes chers amis, Merci de votre lettre. C'est, pour moi-même, un témoignage et un réconfort.

Nous ne pouvons espérer parvenir au but sans franchir beaucoup d'obstacles, car la France revient de loin !

Sur la pente glissante nous montons toujours et ne nous laisserons pas descendre.

Bonne chance à vous tous. Mes amitiés et ma confiance !

Charles de Gaulle

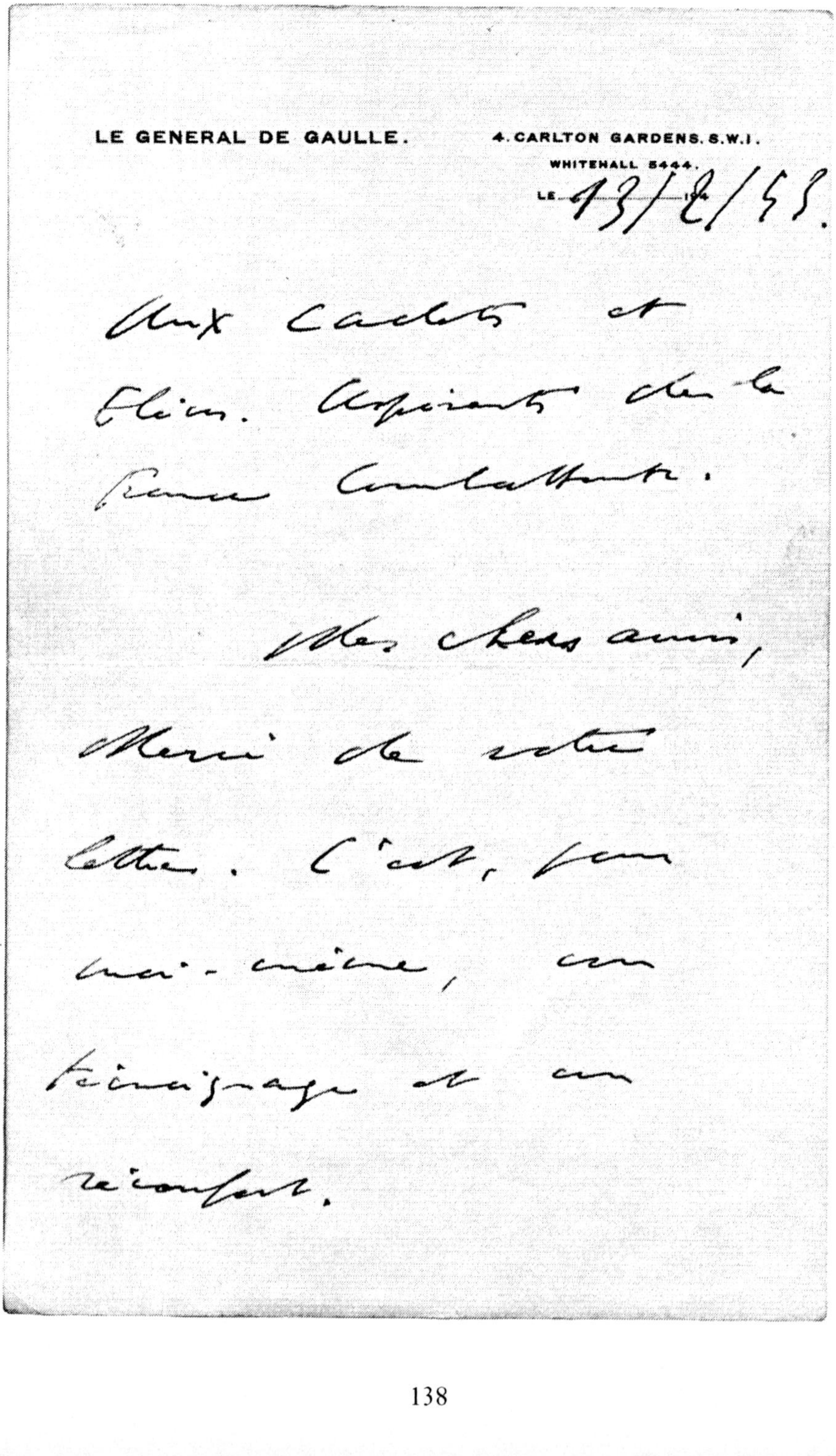

LE GENERAL DE GAULLE. 4. CARLTON GARDENS. S.W.1.
WHITEHALL 5444.
LE 13/2/43.

Aux Cadets et Élèves Aspirants de la France Combattante.

Mes chers amis,

Merci de votre lettre. C'est, pour moi-même, un témoignage et un réconfort.

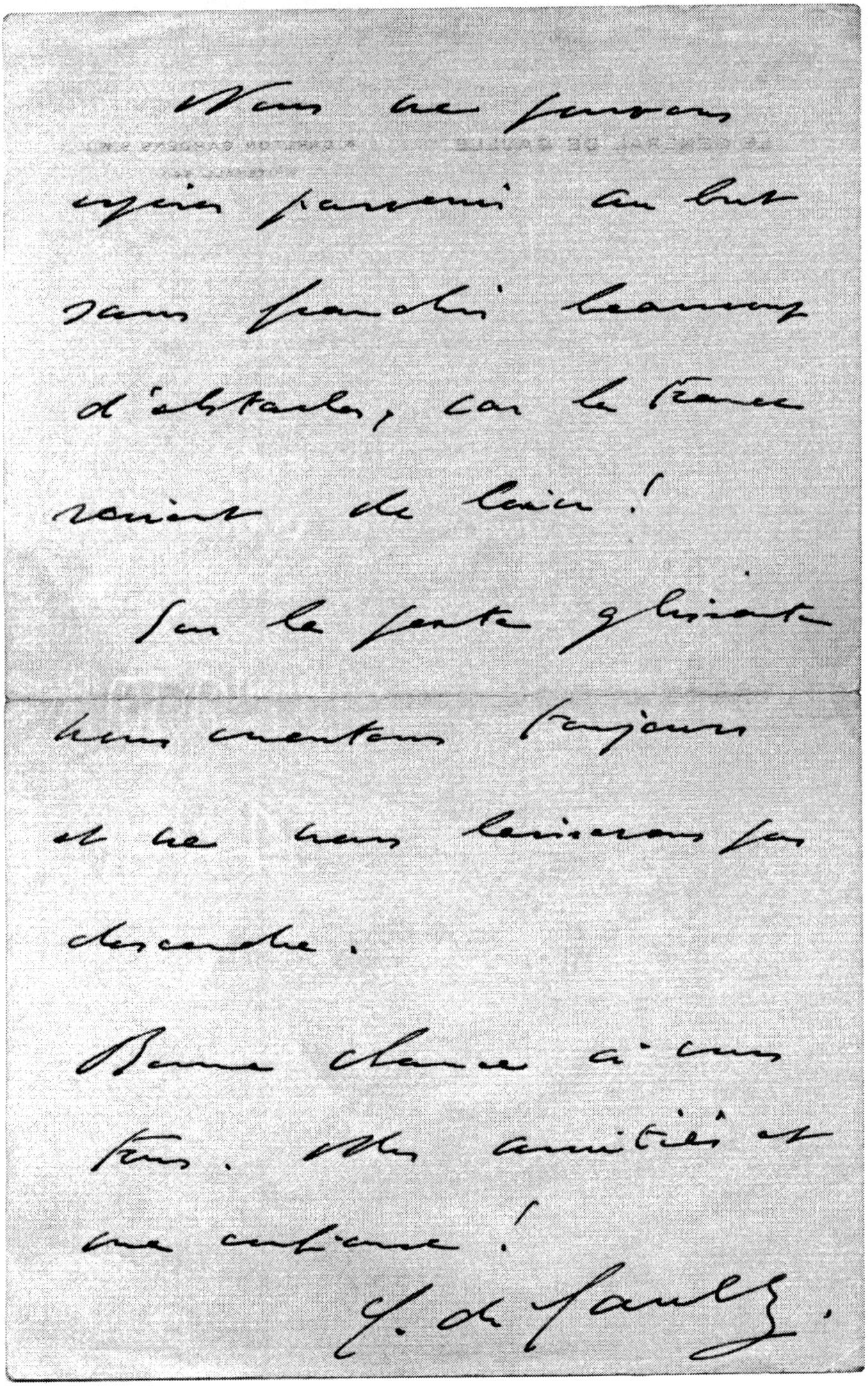

Nous ne pouvons espérer parvenir au but sans franchir beaucoup d'obstacles, car la France revient de loin !

Sur la pente glissante nous montons toujours et ne nous laisserons pas descendre.

Bonne chance à vous tous. Mes amitiés et ma confiance !

C. de Gaulle.

Lettre de Jean-Claude à Raymond Aron

Cher Monsieur,

En vous quittant j'ai été écœuré par mon insolence et je vous écris d'abord pour vous en demander pardon. Non que j'ai tout d'un coup l'envie de vous dire que votre Revue est merveilleuse et que je ne rêve qu'à elle, mais je ne comprends vraiment pas pourquoi j'ai été si « méchant » avec vous. Je me suis salement trompé. Je veux mettre les choses au point.

Voici : je n'aime pas la politique et je dois vous dire que ce qui m'ennuie dans votre revue c'est la politique : elle serait purement gaulliste ça serait la même chose. Je ne crois d'ailleurs pas que les solutions du problème humain à la recherche desquelles je puis être utile soient d'ordre politique. C'est d'ailleurs pour cela que je suis gaulliste : d'intuition et parce que de Gaulle est plus « beau » et plus noble. Mais ça va pour la politique !

Je voulais donc m'excuser de mon insolence cabotine. Et cela m'a entraîné jusqu'à m'apercevoir de ce que, si je ne voulais pas faire de la politique, pourquoi combattre, pour des raisons politiques, mon désir d'être publié dans France Libre ? Je n'ai pas découvert d'autres raisons qu'un cabotinisme très Edmond Rostand. Politiquement, je serai toujours déçu, par conséquent, il me faudrait renoncer à être publié. Ce qui serait du faux héroïsme : je dois écrire. Je vous demande donc, d'excuser mon insolence, de bien vous pénétrer de ce que je vous aurai présenté ces excuses même si je ne voulais pas paraître dans votre revue (et plus facilement !), et de publier mes poèmes dans France Libre. Sauf Élie Gras, qui doit paraître à Alger et, ici, en anglais, je ne sais où.

D'autre part, si je veux être publié, c'est que je veux être connu, c'est que j'ai quelque chose à dire. Je veux le dire. Je voudrais, pour cela, une chronique dans France Libre. Ce que je veux dire, ou plutôt, ce que je veux faire, c'est prophétiser. J'entends par là, non pas prédire l'avenir, sombre ou clair, mais crier contre la médiocrité, l'intelligence morte ou pourrissante, le « réalisme », etc... Ce n'est pas nouveau. Mais c'est nécessaire. Ça fait longtemps que Léon Bloy est mort et, à part Bernanos, qu'y a-t-il eu ? Seuls les surréalistes mais qui prophétisaient dans le désespoir. Et Bernanos a, je crois, plus remué l'esprit humain, ces dernières années, que tous les hommes politiques du monde. Vous n'avez aucune chance de me croire si vous comparez les tirages. Ce que je veux faire ce n'est pas du tout du Bernanos ou du sous-Bernanos. C'est le même travail en poésie, en livres. Il y a, en ce moment, une hypocrisie sèche et grande, à propos des poètes et de l'intelligence : on place, par exemple, dans la même phrase, et avec la même qualification, Aragon et Supervielle. Aragon ! Avez-vous lu Edmond Rostand ? J'exagère ! Mais un Banville (ou un Gilbert) est aussi poète qu'Aragon.

Et cette politique ! « Eluard a écrit un poème sur la liberté ». « Mais, alors, il en est aussi ? » on dirait des pédérastes apprenant que Vinci ou Rimbaud « en étaient ».

Nous n'avons pas parlé – ou peu – des « Lettres Françaises » de R. Caillois, ou de « La nouvelle Relève » qui sont de belles revues, très pleines et lisibles presque entièrement. J'ai ici un numéro de Fontaine, il est moins bien. J'aimerais écrire la chronique littéraire. Seulement ça serait violent. Car si l'on doit être bon et indulgent avec un homme, on peut y aller, de tout le sang, sur ce qu'il écrit. L'esprit des hommes est trop faible, et victime des livres, pour que ne soit pas ressuscitée la tâche du prophète, exterminateur de la mort, de la médiocrité, de la bassesse, du laid. Je m'attaquerai à tout, car, dédaigner, par exemple, une réédition du puant Anatole France, c'est très joli, mais c'est accepter, de haut de nos tours vers lesquelles le peuple s'est fatigué de lever la tête, qu'on lâche sur lui la mort. C'est en critique que le poète doit descendre dans la rue. Et non pour s'y prostituer en alexandrins sentimentaux et « compréhensibles ». Il faut défendre l'âme du peuple. Je veux le faire tant que je peux, maintenant, voulez-vous ?

J'espère « violemment » que oui.

Respectueusement.
Jean-Claude D-B.

Aspirant Jean Claude Diamant-Berger
fant. de l'Air Old Dean Camp
Camberley
Surrey

Le 27/10/43

Cher monsieur,

En vous quittant j'ai été écœuré par mon insolence et je vous écris d'abord pour vous en demander pardon. Non que j'ai tout d'un coup l'envie de vous dire que votre Revue est merveilleuse et que je ne rêve qu'à elle, mais je ne comprend vraiment pas pourquoi j'ai été si "méchant" avec vous. Je me suis salement trompé. Je veux mettre les choses au point.

Voici:

Je n'aime pas la politique et je dois vous dire que ce qui m'ennuie dans votre revue, c'est la politique: elle serait purement Gaulliste, ça serait la même chose. Je ne crois d'ailleurs pas que les solutions du problème humain à la recherche desquelles je puis être utile soient d'ordre politique. C'est d'ailleurs pour cela que je suis Gaulliste : d'intuition et parceque de Gaulle est plus "beau" et plus noble. Mais ça va pour la politique !

Je voulais donc m'excuser de mon insolence cabotine. Et cela m'a entrainer ~~à ce~~ jusqu'à m'apercevoir de ceque, si je ne voulais pas faire de politique, pourquoi combattre, pour des raisons politiques, mon désir d'être publié dans France Libre ? Je n'ai pas découvert d'autres raisons qu'un cabotinisme très Edmond Rostand. Politiquement, je serai toujours déçu, par conséquent, il me faudrait renoncer à être publié. Cequi serait du faux héroïsme : je dois écrire. Je vous demande donc, d'excuser mon insolence, de bien vous pénétrer de ce que je vous aurai ~~péné~~ présenté ces excuses même si je ne voudrais pas paraître dans votre revue (et plus facilement!), et de publier mes poèmes dans France Libre. Sauf Elie Gras qui doit paraître à Alger et, ici, en anglais, je ne sais où.

D'autre part, si je veux être publié, c'est que je veux être connu et si je veux être connu, c'est que j'ai quelque chose à dire. Je veux le dire. Je voudrais pour cela une chronique dans France Libre. Ce que je veux dire, ou plutôt, ce que je veux faire, c'est prophétiser. J'entend par là, non pas prédire un avenir, sombre ou clair, mais crier contre la médiocrité, l'intelligence morte ou pourrissante, le "réalisme", etc... etc... Ce n'est pas nouveau. Mais c'est nécessaire. Ça fait longtemps que Léon Bloy est mort et, à part Bernanos, ~~il n'y a eu~~ qui y a-t-il eu? Seuls les surréalistes, mais qui prophétisaient dans le désespoir. Et Bernanos a, je crois, plus remué l'esprit humain, ces dernières années, que tous les hommes politiques du monde: Vous n'avez aucune chance de me croire si vous comparez les tirages. Ce que je veux dire, ce n'est pas du tout du Bernanos au dessous-Bernanos: C'est le même travail en poésie, en livres. Il y a, en ce moment une hypocrisie sèche et grande, à propos des poètes, et de l'intelligence: on place, par exemple, dans la même phrase, et avec la même qualification, Aragon et Supervielle. Aragon! Avez vous lu Edmond Rostand? J'exagère! mais un Banville (ou un Gilbert) est aussi poète qu'Aragon.

Et cette politique! "Eluard a écrit un poème sur la Liberté".
— "Ah, alors, il en est aussi!" On dirait des pédérastes apprenant que Vinci ou Rimbaud "en étaient".

Vous n'aviez pas parlé – ou peu – des "Lettres Françaises" de R. Caillois, ni de "La Relève" qui sont de belles revues, très pleines et lisibles presque entièrement.

J'ai ici un n° de Fontaine c'est moins bien. J'aimerai écrire la chronique littéraire. Seulement ça serait violent. Car si l'on doit être bon et indulgent avec un homme, on peut y aller, de tout le sang, sur ce qu'il écrit; L'esprit des hommes est trop faible, et victime des livres, pour que ne soit pas ressuscitée la tâche de prophète, exterminateur de la mort — de la médiocrité, de la bassesse, du laid. Je m'attaquerais à tout, car dédaigner, par exemple, une réédition du puant Anatole France, c'est très joli, mais c'est accepter, du haut de nos tours vers lesquelles le peuple s'est fatigué de lever la tête, qu'on lâche sur lui la mort. C'est en critique que le poète doit descendre dans la rue. Et non pour s'y prostituer en alexandrins sentimentaux et "compréhensibles." Il faut défendre l'âme du peuple. Je veux le faire, tant que je peux, maintenant, voulez vous ?

J'espère "violemment" que oui. Respectueusement

Jean-Claude D.B.

Télégramme d'André Gillois[22] à Henri Diamant-Berger

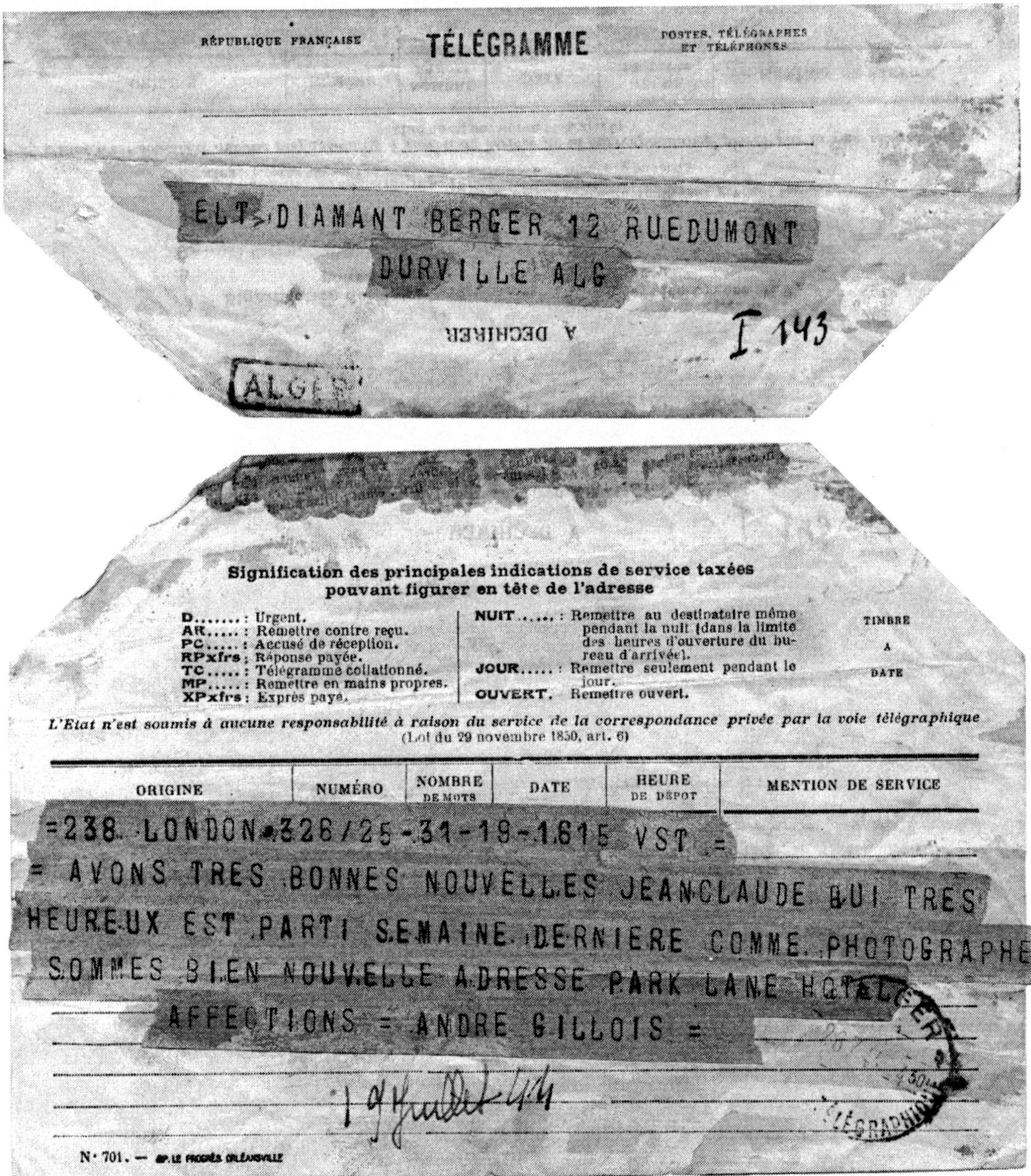

RÉPUBLIQUE FRANÇAISE TÉLÉGRAMME POSTES, TÉLÉGRAPHES ET TÉLÉPHONES

ELT DIAMANT BERGER 12 RUEDUMONT
DURVILLE ALG

A DECHIRER

I 143

ALGER

Signification des principales indications de service taxées pouvant figurer en tête de l'adresse

D....... : Urgent.
AR..... : Remettre contre reçu.
PC..... : Accusé de réception.
RPxfrs : Réponse payée.
TC..... : Télégramme collationné.
MP..... : Remettre en mains propres.
XPxfrs : Exprès payé.
NUIT...... : Remettre au destinataire même pendant la nuit (dans la limite des heures d'ouverture du bureau d'arrivée).
JOUR..... : Remettre seulement pendant le jour.
OUVERT. Remettre ouvert.

TIMBRE A DATE

L'Etat n'est soumis à aucune responsabilité à raison du service de la correspondance privée par la voie télégraphique (Loi du 29 novembre 1850, art. 6)

ORIGINE	NUMÉRO	NOMBRE DE MOTS	DATE	HEURE DE DÉPOT	MENTION DE SERVICE

=238 LONDON 326/25-31-19-1615 VST =
= AVONS TRES BONNES NOUVELLES JEANCLAUDE QUI TRES
HEUREUX EST PARTI SEMAINE DERNIERE COMME PHOTOGRAPHE
SOMMES BIEN NOUVELLE ADRESSE PARK LANE HOTEL
AFFECTIONS = ANDRE GILLOIS =

19 Juillet 44

N° 701. — IMP. LE PROGRÈS ORLÉANSVILLE

22. André Gillois était le nom de guerre de Maurice Diamant-Berger, frère d'Henri.

Dernière lettre de sa mère[23]

Mon petit chéri,

Nous avons eu de tes nouvelles par Maurice, comme tu dois être heureux d'être sur la terre de France !

Je continue à t'écrire à ton adresse postale, car tu ne nous en a jamais donné d'autre avec un secteur aux armées.

Enfin nous allons être bientôt réunis et je pourrais t'embrasser et te gronder à mon aise. Sais-tu que voilà deux ans et demi que je ne t'ai pas revu ! Je me figure à peine que c'est un homme maintenant, ce petit Jean-Claude qui m'affole toujours de la même manière par ses idées loufoques et saugrenues. Je m'affole un peu de temps en temps quand je songe que je ne pense pas avoir de tes nouvelles rapidement et directement. Dès que tu le pourras, écris moi, car je suis tout de même un peu basse.

Néanmoins je sais que tu es tellement heureux que je suis contente pour toi. Garde toi bien, ne fais pas d'imprudence inutile. Et à bientôt la joie immense de t'embrasser, enfin « pour de vrai ».

Ta maman.
Suzanne

Suzanne Diamant-Berger, USA, 1942

23. Lettre datée du 31 juillet 1944, postée le 2 août 1944 d'Alger

Lettre d'Henri Diamant-Berger à sa fille Ginette[24]

Ma chère Ginette,

Je t'envoie ci-joint copie des lettres de Maurice et de Suzon qui te diront les détails de l'épouvantable nouvelle. Nous avons décidé de ne pas te télégraphier et de tout te dire ainsi en même temps que le fait et le détail – au moins ceux que nous connaissons.

Il y a trois jours, on m'avait fait savoir que mon fils avait été blessé – que le bruit courait. C'étaient des amis bien intentionnés qui voulaient nous «préparer». Ce matin j'ai été convoqué par Pierre Bloch, sous-secrétaire d'État à l'Intérieur, qui m'a remis avec les condoléances officielles la lettre de Maurice et je suis revenu annoncer cela à ta mère. Je n'ai pas besoin de te dire son état ni le mien.

Notre vie a perdu tant de son sens que, sans vous et vos enfants, nous ne serions plus que de bien pauvres choses. Nous avons toute la journée été entourés de présences affectueuses qui, tout en renouvelant à chaque visite notre douleur, n'en sont pas moins précieuses. Henri Bonnet, mon ministre, qui a été extrêmement ému et humain, s'est aussitôt à ma demande, occupé de faire hâter la venue de Colette actuellement comme tu dois le savoir à Montréal. Son arrivée avec sa fille peut consister pour ta mère une diversion bienfaisante.

Nous sommes tous les deux étourdis de malheur. La pauvre essaye d'être courageuse pour moi. J'essaye de me dominer pour elle et nous sommes bien vieux et pitoyables quand même.

Nous avons beaucoup pensé à toi et à Kathlen, dont Jean-Claude était fier et qu'elle ne connaîtra pas. Du moins pas en réalité mais qui revivra toujours pour nous et avec nous. Hélas pour elle, quand nous lui en parlerons, ce sera un personnage imaginaire, lui qui était la vie même. Nous vivons depuis un mois qu'il est mort sans en avoir eu conscience et déjà depuis tant de mois, nous ne l'avions pas revu, depuis qu'il était monté «plein d'espoir» dans cet autobus de Los Angeles en route vers le dernier voyage. Partout il s'était à nouveau fait des amis. Nous avions vu ici ce

24. Lettre d'Alger du 18 août 1944.

printemps des camarades de son école qui l'adoraient et en parlaient avec enthousiasme. Les lettres n'étaient pas très fréquentes et c'est tout ce qui nous reste à relire pour tant d'années – mais elles étaient toujours généreuses, un peu folles, à son image tendre et si personnelle. Il avait été amoureux, mystique, véhément, humoristique. Il aurait été encore tant de choses. Il avait tant encore à dire et à faire et à rire et à crier.

Vous aussi qui avez avec lui perdu votre meilleur ami, vous savez ce qu'il était pour nous tous, pour nous cinq car vous êtes pour nous inséparables et jamais plus nous ne serons au complet. Il nous manquera toujours et ne nous quittera jamais. Je n'ai plus de projets. Je sais que je travaillerai à nouveau bien entendu – et peut être plus que jamais, mais je n'avais pas de projet dont il ne fît partie, pas d'ambitions dans lesquelles il ne fût plus ou moins consciemment inclus. La victoire, qui se dessine en ce moment avec plus de réalité que jamais, nous devient amère. Tombé à si peu de jours des grandes joies qui l'attendaient, sans avoir revu «son Luxembourg», «ses quais», «son boulevard Saint-Michel». Tant de pèlerinages que nous ferons sans lui. Et voilà que la plage où il campait a été prise et le café où il dansait sur les tables – et tous ces coins si remplis pour rêver de lui. Les joies parfaites nous sont désormais interdites. Je suis désolé, ma petite Ginette, de la peine que cette lettre va te causer, et que je voudrais retarder, mais ce n'est pas possible. Vous vous êtes bien aimés, toujours et jusqu'au dernier jour. Qu'il en soit ainsi tant que nous vivrons et que sa présence demeure entre nous. Peut – être avec le temps sera-t-elle plus douce. N'oublions jamais, s'il nous advient de nous quereller, le soir où il te ramenait en larmes auprès de nous. Nous pensons en ce soir solitaire et si rempli de lui à Kathlen et à toi avec toute notre tendresse. Embrasse la bien fort pour nous qui sommes bien malheureux mais qui ferons face à la vie pour vous surtout. Nous attendons avec impatience le jour où nous nous reverrons – et peut-être n'est-il pas trop éloigné maintenant.

Henri

Un poète de la libération

André Rousseaux

Le Figaro, 6 janvier 1945

La seule littérature qui compte vraiment pour nous désormais est celle qui ne se contente pas de survivre à tous les hommes que nous avons vu mourir. Elle est la vie elle-même, la vie qui ne meurt pas. Elle est la communication qui nous reste avec des âmes qui ont passé parmi nous et qui nous sont éternellement présentes.

Ce petit cahier blanc de trente-quatre pages a plus de poids dans ma main que toutes les ambitions littéraires du nouveau Tout-Paris. Ne vous en mettez pas en peine. Vous le chercheriez en vain, il ne porte pas le nom d'éditeur. Je crois qu'il vient de Londres. Ne vous intéressez pas à son jeune auteur comme à un poulain à lancer. L'avenir de ce jeune homme, vous en jouissez déjà sans vous en douter: c'est votre liberté, dont vous ne faites pas toujours bon usage, mais qui garde malgré tout la pure beauté qu'il lui a donnée en mourant pour elle. Il a vécu deux jours seulement sur la terre de France reconquise par lui et ses pareils; C'était un de ces soldats qu'on débarque pour qu'ils aillent tout seuls faire des choses folles.

La voix poétique de Jean-Claude Diamant-Berger a cette pureté solitaire qui est le privilège des prédestinés. Aurait-il été un grand poète ? Je le crois, mais je n'en sais rien. Et je dirais presque que ça m'est égal. J'ai connu, en causant avec des garçons du maquis que j'ai vu vivre et mourir aussi, de ces choix qui comptent plus que les paroles qu'elles prononcent. Au-delà des mots formulés, au-delà de l'accent physique, qui n'est pas en question ici, il y a une résonance intemporelle, qui est comme le ton même d'une vie sans prix. C'est pourquoi j'hésite à vous citer des vers de Jean-Claude, comme s'ils pouvaient donner un échantillon de leur valeur. Ecoutez-le pourtant, qui nous crie:

« ... Et je chante et je chante et que rien ne m'arrête

ni la guerre, ivre dans ses chars et qui décompose le ciel et la terre

ni l'absence, ni l'ennui, l'ennui chargé de barques

et ces deux ans loin de la France

enfermé aux pieds de la France

comme ceux- là sonnant du cor

devant le château refermé.

La gentillesse de cette dernière image ne me charme pas tant, je l'avoue, que «l'ennui chargé de barques» dont les trois petits mots sont submergés d'un raz-de-marée de mélancolie.

«Je regrette la France et les tables rondes en fer,

des petits cafés, le vin blanc fier comme la gaieté d'un vieillard

les pluies d'Ile de France et les belles forêts royales

où des allées sans fin passaient du printemps à l'automne

aux carrefours comme de patientes étoiles

des cerfs passaient et l'haleine des grands veneurs

les repoussaient vers les étangs modestes de la mort.

Je regrette la France, Paris et ses villages

le jardin du Luxembourg creusé en lui-même comme l'âme d'une jeune fille

où il y a une place à part pour l'amour plus vrai que l'amour

où il y a un abîme léger comme un rire et qui est l'attente de ses enfants. »

C'est vraiment l'âme de la France qui respire, dans ces deux derniers vers, avec son souriant désir de dépassement, d'espérance, d'absolu. Jean-Claude Diamant-Berger, destiné à mourir pour la France, appartenait déjà à la France idéale. On le voit bien, quand il va au- delà de sa propre nostalgie, en ironisant doucement :

Je me replonge dans la France

c'est la mode : aimer son pays

ça passe et ça s'en va selon les ans, les jours, la pluie.

Je ne crois pas qu'une telle ironie se joue de l'amour de la France ; elle se joue de ce qui n'est pas l'amour parfait.

Cet enfant entrait dans la vie

avec la plus noble des passions

humaines : le goût de l'absolu. M. Raymond Aron, qui a eu l'honneur d'être son ami, rapporte de lui cette confidence :

« Ce que je veux dire, ou plutôt ce que je veux faire, c'est prophétiser. J'entends par là, non pas prédire un avenir sombre ou clair, mais crier contre la médiocrité, l'intelligence morte ou pourrissante, le réalisme, etc. Ça fait longtemps que Léon Bloy est mort, et, à part Bernanos, qu'y a-t-il eu ? Seuls, les surréalistes mais qui prophétisaient dans le désespoir... Ce que je veux faire ce n'est pas du tout du Bernanos ou du sous-Bernanos, c'est le même travail en poésie, en livres. »

La mort d'un tel garçon crie contre toutes les faiblesses où pourrait fléchir l'âme des Français qui ont la tâche de lui survivre.

Je veux transcrire, pour terminer, quelques lignes de la même lettre, qui me touche particulièrement, Jean-Claude y disait :

« J'aimerais écrire la chronique littéraire. Seulement ça serait violent. Car si l'on doit être bon et indulgent avec un homme, on put y aller de tout le sang sur ce qu'il écrit. L'esprit des hommes est trop faible, et victime des livres, pour que ne soit pas ressuscitée la tâche du prophète, exterminateur de la mort, de la médiocrité, de la bassesse, du laid... C'est en critique que le poète doit descendre dans la rue... Il faut défendre l'âme du peuple »

Les devoirs de la critique, si lourds de responsabilité, sont de ceux où l'on craindra de rentrer, demain, par les petits chemins de ce qu'on appelait hier, frivolement, la vie littéraire. La littérature, la vie, ces mots pour Jean-Claude Diamant-Berger ont un autre sens. Ils mènent plus haut. Cet enfant à qui le sacrement de la mort a conféré sur nous tous un immense droit d'aînesse nous est un exemple de force et de lumière.

L'éternelle Revue

Créée dans la clandestinité par Paul Eluard
Dirigée par Louis Parrot

N° 2 (nouvelle série) *Paris Février 1945*

Une Revue qui est de son temps comme on est d'un parti.

Une Revue qui est française comme on est universel.

ÉDITIONS DE LA JEUNE PARQUE

PARIS

Jean-Claude Diamant-Berger était un tout jeune homme. Volontaire français en Angleterre, il s'est donné totalement à la guerre de libération, en se jetant par goût dans les missions les plus dangereuses, il appartint un moment à une équipe de parachutistes. Quand il fut débarqué en Normandie, ce fut pour accomplir une mission photographique, qu'il entreprit seul. Il y fut tué, deux jours après qu'il avait mis le pied sur le sol de France.

Ce jeune homme était un grand poète. Il nous laisse un message d'une brièveté cruelle, d'une intensité rare. L'héroïsme qui l'a conduit à la mort correspondait chez lui à une pureté violente, à un goût impérieux de l'absolu. Cette passion d'atteindre, comme par une révélation, l'essence de toute choses en ce monde, l'orienta d'abord vers le surréalisme. C'était une étape qu'il avait dépassée. « Il voulait s'en dégager, précise M. Raymond Aron qui l'a connu à Londres. Il en aurait gardé le sens de la liberté dans l'invention verbale, la franchise vis-à-vis de soi-même, le goût de l'audace et de l'exploration ». Il avait dit un jour, « je serai le Musset du surréalisme ». Sans doute entendait-il par là qu'il voulait ouvrir à une heureuse facilité le pur lyrisme dont la poésie surréaliste a chiffré les secrets.

Il était devenu chrétien. C'est-à-dire que la réalité surnaturelle délivrée aux hommes par la Révélation du Christ avait seule pu satisfaire son désir d'un absolu réalisme. C'était un chrétien intransigeant, ennemi déclaré des compromissions et des accommodements auxquels la religion de notre siècle est trop complaisante. Il revendiquait l'exemple de Léon Bloy, de Bernanos. Il s'élevait d'un élan, avec une pure noblesse, au-dessus des médiocrités de la dévotion bien-pensante. Il allait droit à l'éternel, parce que les pauvretés et les mensonges du temporel ne pouvaient pas satisfaire son sens de la vie.

Rien de tout cela n'explique, certes (car ce n'est pas du domaine de l'explication) la poésie de Jean-Claude. Il suffit de lire certains de ses vers pour recevoir le choc que donne la mystérieuse présence du don poétique. Un poète nouveau se manifeste, quand il assemble les mots de tous les jours pour faire éclater des vérités de toujours, avec un accent tel qu'on croit ne les avoir jamais entendues. Telle apparaît la poésie de Jean-Claude, dont les images sont moins somptueuses, ou ravissantes, que porteuses de lumière. Elles éclairent par le dedans, avec la force de la vérité pure, les beautés et les mystères de la vie, ses ennuis et ses lassitudes. Le charme d'un chant qui a la fraîcheur d'un don naturel anime d'une vibration vivante cette haute vertu. La nouveauté et la hardiesse, chez Jean-Claude Diamant-Berger, ont les traits qu'on voit chez nous à de jeunes visages où renaît la fidélité à des types très anciens de notre race. Il y a de la vieille France dans certains airs qui lui montent aux lèvres, ou plutôt de la France éternelle. Car ce qui vient de très loin lui est inspiré comme s'il venait, lui, d'en recevoir ou d'en faire la création merveilleuse. Éternel, c'est le mot qui revient toujours au sujet de Jean-Claude. Ce poète mort à vingt ans ne pouvait pas toucher aux choses qui vivent et meurent avec nous sans les dérober à l'empire du temps.

André Rousseaux
Article publié dans ***L'Éternelle Revue***, n° 2, 1945

Le jardin des poètes

En présence de l'Amiral de Gaulle, de Pierre-Christian Taittinger, Maire du 16e arrondissement et de Pierre Lefranc, Président de l'Amicale des Cadets de la France Libre, la Société des Poètes Français, représentée par son président, M. Vital Heurtebize a inauguré le 7 novembre 1998 au Jardin des Poètes – Porte d'Auteuil, 75016 Paris une stèle au nom de Jean-Claude Diamant-Berger, Cadet de la France Libre, mort pour la France.

Le Panthéon[25]

Plaque commémorative aux poètes morts pour la France

25. Le Panthéon surplombe la montagne Sainte-Geneviève, au cœur du cinquième arrondissement de Paris.

Quelques dates

Jean-Claude Diamant-Berger
Fils d'Henri Diamant-Berger et de Suzanne Lévy
Deux sœurs: Ginette et Colette

Henri Diamant-Berger, cinéaste, aura mis en scène et produit plus de 100 films de long-métrage et une centaine de films de court-métrage. Sociétaire de la Sté des Gens de Lettre, de la Sté des Auteurs Dramatiques, de la Sté des Auteurs, Compositeurs et Éditeurs de Musique, Fondateur de l'Association des Auteurs de Films, Chevalier des Palmes Académiques, Croix du Combattant Volontaire.

En plus de ses *carnets de poésie* retrouvés et conservés intacts, Jean-Claude laisse plus d'une centaine de lettres de son enfance à la fin de sa vie dont la majorité sont à l'attention de sa famille. Il y fait part de ses états d'âme, de ses amours, de sa vie, des disputes familiales, de la politique, de ses projets etc... Tous ces documents ont été précieusement conservés malgré les aléas de l'histoire et les nombreux déplacements des uns et des autres. Ils représentent une page d'histoire, du moins l'histoire d'une courte vie.

Le lecteur comprendra que l'histoire de Jean-Claude étant étroitement liée à celle de sa famille, ce résumé chronologique à été fait à partir de la naissance de son père.

Henri Diamant-Berger

1895 : Naissance le 9 juin à Paris.

1913 : Études à la Sorbonne – Licence de Lettres, de Droit et de Philosophie.

1914 : août – Engagement volontaire. Blessé en juillet 1915, réformé en octobre, reçoit la croix de guerre et la médaille militaire.

10 février 1916 : Mariage avec Suzanne Lévy (née le 9 mars 1895 à Toulouse).

1917 : 1er janvier – Naissance de Ginette.

1917 : 13 décembre – Naissance de Colette.

1918 : août – Part en Amérique, chargé par Georges Clemenceau d'une mission officielle aux USA pour organiser la distribution des Actualités Françaises. Crée le Comité de défense du film, présidé par Edmond Rostand et Tristan Bernard.

1935 : Études de Colette à la faculté de droit – Elle deviendra la plus jeune avocate de France et sa sœur la première *Script* du cinéma français.

1939 : Directeur des émissions de langue anglaise à la radio française.

1940 : 18 juin – Arrive au Portugal et crée le premier groupement de la

Jean-Claude Diamant-Berger

1920 : Naissance le 7 mars à Paris.

1928 : Rentré au Lycée Montaigne en classe de 10e avec l'appréciation en fin d'année : *« Bon petit élève, intelligent mais combien étourdi ! »*

1936 : Jean-Claude entre au Lycée Louis-Le Grand en classe de 1re littéraire dont il sera renvoyé en raison de l'appréciation de son professeur de Français : *Élève singulier ! Composition d'un caractère ahurissant ! N'est cependant pas dénué de moyens ni d'attention.*

1937 : Inscription à l'École Technique de Photographie et de Cinématographie. Note des professeurs : *Devrait être parmi les meilleurs s'il comprenait la nécessité du travail.*

Membre des *Réverbères* (Surréalistes.) Publie dans la revue *les Réverbères* et est édité par Eluard (Poèmes).

1939 : 29 juin – Obtient le diplôme de bachelier, puis celui de l'École de Photographie. Membre de la Fiari (Surréalistes) puis de *« la Main à Plume »*.

1940 : 25 mai – Arrêté par la police française pour avoir distribué des tracts pacifistes et pour son appartenance à la IVe Internationale. Le 10 juin, au moment de

Henri Diamant-Berger (suite)

France Libre.

1941 : Exilé aux USA. Chargé par le Colonel Brunschwig, responsable de la France Libre à Los Angeles, d'organiser des conférences et des émissions de radio. Fonde la Croix-Rouge Française de Californie que son épouse préside avec madame Lazard Vernier.

Mariage aux USA de sa fille Ginette avec Charley Sweeny.

2 septembre – Par un arrêté N° 164, est nommé attaché de cinéma de la France Libre et ouvre un bureau d'information et de propagande auprès des Sociétés de production cinématographique.

1942 : Mariage aux USA de sa fille Colette avec Jean Lassner

1942 : Chargé de la Direction des services cinématographiques civils et militaires de la France Combattante.

2 janvier – Le gouvernement de Pétain destitue Henri Diamant-Berger de sa nationalité Française.

1943 : 9 septembre – Quitte l'Amérique pour Alger, appelé par Henri Bonnet, Commissaire de l'Information au Gouvernement provisoire de la République française.

1er novembre – Est nommé chargé de mission au Cabinet du

Jean-Claude Diamant-Berger (suite)

l'évacuation de la prison de la Santé, il s'évade et réussit à rejoindre la zone libre.

15 septembre – Arrivé dans le midi, mobilisable, est affecté aux Chantiers de la Jeunesse.

1941 : 31 janvier – Démobilisé des Chantiers de la Jeunesse.

13 mars – Adresse à sa sœur, Colette, alors aux USA, son premier et unique roman, *Quotidien l'Impossible.*

Obtient son passeport en mars 1941 et le 23 septembre est autorisé à rejoindre ses parents à Los Angeles en *qualité de démobilisé-rapatrié-libérable.* Quitte Marseille par le vapeur *Guydon* à destination d'Alger. Est autorisé par les Autorités d'Alger, puis par les Autorités Consulaires du Portugal à transiter de Casablanca à Lisbonne.

1942 : 27 février – Obtient du Bureau de New York de la Délégation de la France Libre l'autorisation de s'engager dans la France Libre à condition de régulariser sa situation en Amérique *(Local draft board)* afin d'être dégagé d'obligations militaires aux USA. En mars obtient son autorisation de sortie des USA et le 5 mai 42, quitte Los Angeles pour New York. Le

Henri Diamant-Berger (suite)

Commissaire de l'Information. Initiateur, avec le député Géraud Jouve, de la loi d'Aide au Cinéma.

1944: 8 juin – Est accrédité par le Comité Français de la Libération Nationale, Commissariat à l'Information, comme Correspondant de Guerre auprès des Unités Françaises.

1944: Septembre – Rentre en France en qualité de Correspondant de Guerre.

1945: 2 février – Lettre témoignant de la disparition de Jean-Claude.

1972: Décédé le 2 avril.

1982: 8 février – Décès de son épouse Suzanne.

1996: 21 décembre – Décès de sa fille Ginette.

1999: 14 mars – Décès de sa fille Colette.

Jean-Claude Diamant-Berger (suite)

21 mai arrive au Canada, en partance pour l'Angleterre.

21 juillet – À Londres, est envoyé à l'École des Cadets.

1943 : juin – Devient Cadet de la France Libre, aspirant parachutiste – promotion *Fezzan Tunisie.*

1944: 14 juillet – Photographie la célébration du 14 juillet à Caen.

18 juillet ou 24 juillet – Mort de l'aspirant Jean-Claude Diamant-Berger, tombé au cours d'une mission sur le front de Normandie (date de la mort: incertaine). Édition de *Poèmes* à Londres.

1951: Édition des *Poèmes d'Everlor.*

1971: Édition par GLM de *Coloriage en l'honneur de Federico Garcia Lorca mort.*

Lettre témoignant de la disparition de Jean-Claude

« L'aspirant Jean-Claude Diamant-Berger était arrivé à Bayeux avec le service Photo Presse- Cinéma (Service Information) sous les ordre du Capitaine Lepêtre. Il prenait des clichés avec un Rolléicord et venait faire développer ses films à la maison. La dernière fois que nous l'avons vu c'était le lundi 17 juillet. Il revenait de Caen en auto, vers 11 heures du soir, avec un membre de la Résistance de Caen. Il me demanda de lui développer ses films de suite. Pendant que nous développions les films, il m'a dit qu'il serait heureux d'être un des premiers, sinon le premier, à prendre des clichés de l'entrée des Américains à Saint-Lô. Dans la semaine, ne le voyant pas revenir, nous nous sommes inquiétés et son chef envoya l'aspirant Lesnieres, alors photographe à Caen, avec mission de le retrouver. Il se dirigea vers Saint-Lô sur les données de ma dernière conversation avec lui. Mais, hélas, il n'était pas allé de ce côté puisque nous apprenions par la suite qu'il avait été tué au – delà de Caen où son corps a été retrouvé ».

Monsieur Maillaux
Photographe
Rue Saint-Jean (Bayeux)

Nous sommes heureux d'informer le lecteur que les Éditions Pierre Seghers ont réédité l'ouvrage *La Résistance et ses poètes. France 1940-1945*, dans lequel Jean-Claude Diamant-Berger est cité aux pages 129, 339 et 471.

Achevé d'imprimer sur rotative numérique par Book It !
dans les ateliers de l'Imprimerie Nouvelle Firmin Didot
Le Mesnil-sur-l'Estrée

N° d'impression : 1.292.7119
Dépôt légal : Mai 2004

Imprimé en France